Affirmez-vous ! Pour mieux vivre avec les autres, 2002 ; « Poches Pratique », 2008.

Oser. Thérapie de la confiance en soi, 2003 ; « Poches Odile Jacob », 2006.

L'Affirmation de soi. Une méthode de thérapie, avec Bernard Rouchouse, 2007.

DR FRÉDÉRIC FANGET

TOUJOURS MIEUX !

Psychologie
du perfectionnisme

Odile
Jacob
pratique

© ODILE JACOB, 2006, MARS 2008
15, RUE SOUFFLOT, 75005 PARIS

www.odilejacob.fr

ISBN : 978-2-7381-2067-0

ISSN : 1767-2384

Introduction

Nous avons tous des objectifs que nous aspirons à réaliser, des exigences envers nous-mêmes, de réussite, de qualité… qui sont plus ou moins élevées selon notre personnalité, selon notre histoire passée ou notre vie présente et future. Des actes, des performances, des étapes jalonnent ainsi le chemin que nous parcourons avec plus ou moins de succès et de satisfaction… Chez beaucoup d'entre nous, cette exigence prend corps sous la forme d'une petite voix intérieure, nous en sommes rarement conscients, qui nous souffle : « Toujours mieux. » Cette voix est un moteur qui nous pousse à nous dépasser, à réaliser nos rêves, à réussir, qui nous permet aussi de vérifier notre valeur, de la prouver aux autres et nous apporte donc une réelle satisfaction personnelle.

Cette petite voix, c'est notre perfectionnisme. Il peut nous apporter, dans le meilleur des cas, motivation, succès, réussite et bonheur. Mais ce trait de caractère a un point faible, couramment répandu : l'absence de limites. Il est alors poussé à l'extrême, peut se traduire par des exigences personnelles irréalistes, un sens du détail qui tourne à l'obsession, une préoccupation excessive face à l'erreur potentielle, une tendance à interpréter l'échec comme une faillite personnelle. Il s'impose, en véritable tyran intérieur. On ne se pardonne plus la moindre erreur, le moindre échec ou défaut : « Je n'ai encore pas été à la hauteur ! », « De toute façon, je ne saurai pas faire ! », « Je n'ai rien d'intéressant à dire ! », « Je préfère ne pas aller à un examen plutôt que d'avoir un résultat moyen. » On devient intolérant avec les autres qu'on voudrait aussi exigeants que nous-même. Ces exigences trop élevées et sans limites sont toxiques. Elles provoquent un stress excessif ou paralysent. Paradoxe, ce perfectionnisme-là, loin de renforcer notre estime de soi, nous conduit à nous dévaloriser, à nous éloigner de nos vraies priorités et, parfois, à passer à côté de notre vie.

D'où nous vient ce besoin maladif d'être parfait, ou en tout cas irréprochable ? Qu'est-ce que cela cache ? Sans doute notre société occidentale actuelle contribue-t-elle à diffuser ce culte de la perfection : avoir un corps parfait, réussir professionnellement et personnellement, éduquer parfaitement ses enfants, afficher un bonheur parfait… Mais chacun d'entre nous, selon sa personnalité, son éducation, son histoire personnelle gère différemment cette pression. On nous a ou nous nous sommes nous-mêmes fixé depuis notre plus jeune âge des règles de vie perfectionnistes : « Je dois être parfait, aimé, réussir en tout… »

Peut-on apprendre à être imparfait ? Plus tolérant ? Plus satisfait ? Comment, sans devenir négligent ni abandonner ses rêves, ne garder que le meilleur du perfectionnisme ? Nous verrons que c'est l'alliance d'une certaine tolérance envers soi-même avec des objectifs personnels réalistes qui permet un bon équilibre. Accepter ses points faibles, ses manques, ses contradictions, une partie de doute en soi apporte sérénité et confiance, aide à mieux s'accepter, à mieux vivre au quotidien, et probablement à être plus apprécié des autres.

J'ai choisi de suivre pour ce livre la logique qui m'inspire dans ma démarche de psychothérapeute et de respecter ici avec vous les différents temps de l'analyse des difficultés, exactement comme en psychothérapie. En consultation, mes patients et moi commençons, en partant des troubles qui les gênent dans leur vie et en remontant le fil d'Ariane, par essayer de comprendre le comment et le pourquoi de leurs difficultés. Ensuite alors seulement nous abordons la phase de changement.

Dans un premier temps, je vous aiderai donc à repérer et évaluer votre perfectionnisme dans votre vie actuelle, son rôle, ses avantages, ses inconvénients. Et, s'il est excessif, les perturbations qu'il entraîne dans votre vie, l'insatisfaction qui l'accompagne sans doute.

Dans un deuxième temps, j'essaierai de vous montrer pourquoi et comment on est excessivement « perfectionniste ». Par exemple, nous analyserons ces filtres de pensées qui vous conduisent à interpréter vos résultats comme insuffisants et vous poussent à encore plus de perfectionnisme.

Nous verrons dans une troisième partie que ces excès peuvent devenir réellement toxiques, voire pathologiques, pour vous ou pour votre entourage.

Tout naturellement, cette démarche sera complétée par une quatrième partie dans laquelle je vous exposerai tous les outils utiles pour mieux faire face à votre perfectionnisme et trouver le bon dosage entre exigence personnelle et objectifs réalistes, tolérance, satisfaction et estime de soi. Pour vivre votre vie en vous appuyant sur votre bon perfectionnisme, et non en vous laissant dominer par ses excès.

Enfin, vous n'êtes peut-être pas perfectionniste, mais souhaitez aider une personne proche qui vous semble en souffrir.

Votre enfant, par exemple, vous semble trop perfectionniste ? Vous trouverez des conseils pour l'aider à être un bon perfectionniste, mais surtout pas un tyran envers lui-même.

Vous subissez la tyrannie d'un perfectionniste au travail ou devez vivre au quotidien avec un perfectionniste ?

Ce livre vous est également destiné, vous y trouverez de nombreux conseils.

Je resterai dans ce livre au plus près de ma pratique de psychothérapeute, vous transmettrai des exemples et des conseils issus de mon expérience.

PREMIÈRE PARTIE

« Toujours mieux ! » : qu'est-ce que le perfectionnisme ?

Avez-vous tendance à vouloir bien, voire très bien faire ? Vous arrive-t-il souvent de vouloir faire encore mieux ? Si le perfectionnisme est un trait de votre personnalité, il vous aidera certainement à réussir. Alliance d'exigence, d'énergie et de méticulosité, le perfectionnisme va vous aider à vous poser des défis, à avancer, à être performant.

Si ce même trait perfectionniste est trop marqué, il peut pourtant devenir source de blocage. Un véritable piège dans lequel certains s'enferment : celui d'une exigence qui, devenue irréaliste, pousse à une méticulosité extrême et à long terme contre-productive.

Comment faire la différence entre ce bon et ce mauvais côté du perfectionnisme ?

Un puissant moteur de réussite

La clé de la réussite

Regardez autour de vous, dans votre entourage, dans les milieux créatifs et artistiques aussi bien que techniques, vous rencontrerez certainement beaucoup de personnes qui ont réussi grâce à leur perfectionnisme.

Caroline, la persévérante

Caroline, 57 ans, est professeur à la faculté de droit. Pourtant son destin n'avait pas prévu de la hisser à un tel niveau de réussite. Élevée dans un milieu plutôt masculin, pauvre, dernière d'une fratrie de sept enfants, Caroline a bénéficié dès son plus jeune âge des avantages de sa personnalité perfectionniste. En effet, Caroline est une travailleuse, a le goût de l'effort, de la rigueur et des défis. Elle a toujours pensé que le monde était injuste et qu'elle devait faire quelque chose pour essayer de le rendre plus juste. Dans sa tête d'enfant déjà, elle veut être juge pour essayer d'aider à réparer les injustices de la société. Afin de réaliser son objectif, elle se dit qu'elle doit placer la barre très haut. Elle sait qu'il faudra qu'elle ait son baccalauréat brillamment, puis qu'elle fasse des études, qu'elle soit parmi les meilleures, si elle veut avoir une chance de réussir. À l'époque, très peu de femmes occupent des postes d'un tel niveau.

À l'école, Caroline parvient à force de travail à se retrouver en tête de classe. Malgré les avis permanents de son entourage, aussi bien familial que scolaire, qui lui assène : « Tu n'y arriveras pas… Tu sais, pour une fille, ce serait très bien que tu sois infirmière, cela te permettrait aussi de résoudre certaines injustices… » Caroline n'a que faire de ces remarques. Son entêtement qui tourne presque à l'obstination ne va pas la trahir. C'est grâce à ses exigences fortes, aux capacités qu'elle va mobiliser en elle, que Caroline réussit à décrocher une thèse de droit lui permettant de devenir professeur à la faculté.

Jacques, l'autodidacte

Jacques, 63 ans, est né à la campagne. Le monde rural, en pleine désertification, Jacques part à 16 ans pour la ville, afin d'y apprendre ce que son père appelait un vrai métier. « Je suis devenu électricien, j'ai commencé mon apprentissage. À 20 ans, mon employeur m'embauchait définitivement comme ouvrier spécialisé. Le jour de mes 23 ans, j'ai appris que mon patron avait eu un accident cardiaque. À son retour, quelques semaines plus tard, il m'a proposé de devenir son second. Il avait remarqué mon sérieux, mon pointillisme extrême, quasi perfectionniste, et combien cela allait me permettre de réaliser un excellent travail selon lui. Effectivement, j'ai le souci du travail bien fait. Je l'ai toujours, jusque dans le moindre détail. Mon patron savait cela, il m'a fait confiance et a pensé que je pourrais inculquer ce sens de la qualité du travail aux autres ouvriers. Je suis alors devenu son second et j'ai dû diriger une dizaine d'employés… Cinq ans plus tard, à la suite d'un second accident cardiaque, mon patron est décédé. Il se savait malade, il avait pris soin de m'intégrer dans sa société de manière à ce que j'assure sa succession. Il me disait toujours : "Jacques, tu es un type tellement sérieux, tellement rigoureux. Je suis sûr qu'avec toi, la boîte que j'ai fondée sera bien dirigée." »

Quarante ans plus tard, Jacques est à la tête d'une entreprise de cinquante salariés. Il a gardé ces traits de caractère perfectionnistes qui l'ont conduit à cette réussite.

Le perfectionnisme utile et nécessaire : Olivier, Julie, Timothée et les autres

Olivier, 48 ans, chirurgien ophtalmologiste, est spécialiste en microchirurgie oculaire. Il opère les yeux à l'aide d'un microscope. Il passe de longues minutes, voire de longues heures, à opérer avec beaucoup de méticulosité et de délicatesse les yeux de personnes souffrant de malformations.

Son équipe est d'ailleurs réputée dans sa région et, comme il le dit lui-même : « Vous comprenez, si l'on n'est pas d'une méticulosité perfectionniste, ce n'est pas la peine de faire ce métier. » Effectivement, comme Olivier l'illustre bien, il y a des métiers où le perfectionnisme est non seulement une qualité, mais une qualité absolument indispensable.

Accepteriez-vous de prendre l'avion avec un contrôleur aérien peu soucieux de l'endroit précis où se trouve l'avion qui décolle et celui qui atterrit ? Que penseriez-vous d'un contrôleur aérien décontracté, disant au pilote : « Bon, on va voir en gros où vous êtes et je vous dirai schématiquement à quelle attitude vous devez descendre parce qu'il y a d'autres avions qui sont en gros dans votre coin, mais bon il faut que je vérifie où. Je vous ferai part de leur localisation plus tard ! » Pensez-vous que le pilote va pouvoir se contenter d'informations aussi peu précises ?

De la précision, à la méticulosité et au perfectionnisme toxique, il n'y a qu'un pas. Les exemples de métiers dans lesquels le perfectionnisme est une grande qualité sont nombreux.

C'est également le cas de Julie, 29 ans, qui est secrétaire de direction dans une grande entreprise. Son patron apprécie beaucoup ses qualités. C'est la raison pour laquelle il l'a nommée si jeune comme son assistante. Elle sait parfaitement organiser ses voyages, ses plannings, répond gentiment et précisément à chacun de ses clients. Elle gère avec une grande efficacité son emploi du temps. Elle n'oublie jamais de décommander un rendez-vous en temps utile. Les chambres d'hôtel sont parfaitement réservées. De nombreuses secrétaires que j'ai rencontrées dans ma carrière de médecin dans les hôpitaux m'ont expliqué que ce sont leurs qualités de précision et de perfection qui leur ont permis de faire une belle carrière.

Timothée, 29 ans, jeune chef cuisinier, vient de décrocher sa première étoile. À Lyon, nous le connaissons tous car il a pu très jeune exprimer ses talents chez un des grands chefs. Timothée vient de monter son établissement où il est prudent de réserver à l'avance. Lorsque votre assiette arrive sur la table, vous avez l'impression d'être au spectacle. Tout est harmonieusement présenté, chaque assiette est une véritable œuvre d'art, chaque aliment parfaitement positionné. Les légumes sont cuits d'une certaine façon afin de faire éclater leur saveur… et, lorsque vous dégustez, la succulence envahit votre palais grâce à l'art et à la méticulosité extrême de Timothée.

Le perfectionnisme, s'il est allié à une certaine capacité d'imagination et une libération de soi peut être un facteur de réussite extrêmement important. Il peut contribuer à l'expression du génie.

Le perfectionnisme,
la grande force du génie ?

Et si les génies étaient aussi des perfectionnistes ? Le perfectionnisme est-il chez les créateurs, chez les artistes comme un second don ?

En étudiant avec attention les personnalités de grands créateurs, on retrouve chez beaucoup d'entre eux un niveau d'exigence élevé et des traits de perfectionnisme. Même si, bien probablement, ces traits ne sont pas ce que l'on considère être le « don » même du génie, ils contribuent de toute évidence à son expression en conduisant les grands créateurs jusqu'à l'aboutissement de leurs œuvres.

« Je bâtirai mon livre, je n'ose pas dire ambitieusement comme une cathédrale, mais tout simplement comme une robe », écrit Marcel Proust dans *Le Temps retrouvé*, dernier volume de *À la Recherche du temps perdu*. Malgré la réserve de l'auteur, l'image de la cathédrale s'impose aux lecteurs de Marcel Proust qui bâtit son œuvre par morceaux sans cesse remaniés et corrigés, sur des feuilles de papier collées bout à bout en bandes parfois très longues : il s'agit des fameuses « paperoles » qui traduisent une quête inachevée de la forme parfaite. Exigence élevée et goût du détail prononcé s'affirment encore, presque à travers les mêmes termes, dans une confidence de Proust à sa gouvernante Céleste Albaret : « Je veux que, dans la littérature, mon œuvre représente une cathédrale. Voilà pourquoi ce n'est jamais fini. Même bâtie, il faudra toujours l'orner d'une chose ou d'une autre, un vitrail, un chapiteau, une petite chapelle que l'on ouvre, avec sa petite statue dans un coin. »

« Quand on travaille pour plaire aux autres, on peut ne pas réussir mais les choses que l'on a faites pour se contenter soi-même ont toujours une chance d'intéresser quelqu'un. » Ce qu'écrit Marcel Proust dans *Pastiches et Mélanges* révèle décidément ses talents de psychologue ! Voilà l'un des éléments clés de la compréhension du perfectionnisme. Agissons pour nous-même et alors notre perfectionnisme nous apportera du plaisir. Si notre souci essentiel est de plaire aux autres, alors nos exigences risquent de se retourner contre nous.

Que dire de Balzac, bourreau de travail qui écrivait dix-huit heures par jour et s'enfermait pour respecter les délais de ses éditeurs. Lui aussi avait l'obsession d'une œuvre à accomplir, œuvre qu'il voulait gigantesque – le titre *La Comédie humaine* est éloquent ! – mais il faut préciser que, si le labeur que s'imposait Balzac trouve une explication dans sa tendance perfectionniste, il était également lié aux problèmes financiers récurrents de l'écrivain pour qui publier signifiait aussi contenter un temps ses créanciers.

Autre travailleur infatigable, Zola constituait pour chacun de ses romans de gros dossiers préparatoires. Il réunissait tel un enquêteur une documentation très minutieuse sur le milieu « étudié », les lieux décrits, leur plan, le prix des objets, celui des journées de travail, les horaires de chemin de fer, etc. C'est bien le perfectionnisme qui est à l'œuvre dans ce souci de la représentation scrupuleuse du réel. Zola avait d'ailleurs à cœur de montrer ses dossiers à la critique tout comme Balzac offrait ses brouillons à ses amis. Tous deux tenaient à exhiber le travail sous-jacent à la création.

Les écrivains ne sont pas les seuls créateurs auxquels le perfectionnisme est utile.

Pensons à Michel-Ange décorant les voûtes de la chapelle Sixtine. Peut-on réaliser une telle œuvre sans une méticulosité immense et un sens absolu du détail ? Combien de fois Beethoven reprit-il son seul et unique opéra d'abord intitulé *Léonore* puis *Fidelio* avant d'en être satisfait ? Jean Sébastien Bach ornait lui aussi ses partitions d'une multitude de détails avec un goût de la précision extrême.

On repère ainsi chez beaucoup de grands créateurs, de génies, d'artistes, l'existence, l'importance et même peut-être dans certains cas le caractère indispensable d'un certain perfectionnisme sans lequel leurs œuvres seraient restées inachevées ou non accomplies.

Loin d'être contradictoire avec le génie donc, loin de l'image que l'on peut s'en faire d'un pointillisme appuyé, d'une rigueur ennuyeuse, le perfectionnisme est aussi l'outil de la beauté et de l'émotion. Danseuses étoiles, cantatrices… combien d'heures de travail pour ces instants de perfection, ces moments d'émotion intenses qu'elles nous font vivre ?

Pour Marcel Proust, c'était la capacité de l'auteur à décrire le plus précisément possible les personnages, les lieux, les objets avec leurs détails infimes et souvent négligés qui faisait naître les émotions des lecteurs.

Mais le perfectionnisme peut aussi entacher la réussite des plus grands. Quand l'obsession de la perfection prend le dessus sur la performance, sur la satisfaction éprouvée… C'était le cas de Maria Callas, travailleuse infatigable, qui apprenait tous les rôles de chaque opéra qu'elle interprétait. Ce souci de l'excellence lui permit d'arriver au sommet et de révéler au public les œuvres oubliées du bel canto (Donizetti, Bellini) que les chanteurs de l'époque, obsédés par la puissance vocale, n'étaient plus capables d'interpréter avec le raffinement nécessaire. Mais Maria Callas n'était jamais satisfaite de ses performances. À tel point que lors d'une fameuse représentation de *La Norma*, à l'opéra de la Scala à Milan, devant le président de la République italienne et tout un parterre de « people », elle refusa de continuer à chanter après le premier acte, ne se sentant pas à la hauteur.

Chacun dut rentrer chez soi et le scandale fut retentissant, les journalistes attribuant ce désistement à un caprice de diva. La célèbre cantatrice grecque abandonna peu à peu sa carrière, finissant tristement ses jours dans son appartement parisien, entourée de ses caniches et d'une employée de maison.

Un handicap ?

Oui, ces mêmes traits de personnalité perfectionniste, qui ont tant contribué à la réussite, à l'accomplissement de soi, à la création, peuvent devenir des pièges, des sources de blocage, de paralysie et d'insatisfaction, non plus une qualité, mais un véritable handicap.

Votre perfectionnisme est sans doute toxique ou risque de le devenir si vous constatez chez vous certains (vous ne vous reconnaîtrez peut-être pas dans toutes ces manifestations) des traits de caractère ou comportements suivants :

- Vous augmentez le temps de réalisation de vos tâches à cause de votre perfectionnisme. Vous en arrivez à prendre beaucoup plus de temps que les autres pour accomplir un travail identique tant vous êtes pointilleux. Vous prenez du retard dans votre travail.
- Votre indécision augmente. Vous avez tendance à repousser vos décisions et à ne pas les prendre lorsque c'est possible, ou à les prendre de manière impulsive pour éviter la phase de doute. Vous ne supportez pas de douter.
- Votre sens des responsabilités prend des proportions inquiétantes. Vous avez l'impression que tout repose sur vos épaules. Vous pensez que si les choses se pas-

sent mal, ce sera à cause de votre imperfection. Vous pensez être le seul à pouvoir contrôler les événements et à pouvoir faire les choses suffisamment bien. Vous ne déléguez rien.

– La qualité de vos performances devient plus importante que leur but. Vous accordez plus d'importance à la qualité de vos actions qu'à savoir si elles vont déboucher sur une solution. Vous perdez l'esprit de synthèse et une certaine efficacité. Vous êtes beaucoup trop analytique et manquez de pragmatisme.

– Vous avez tendance à vous considérer comme une personne de valeur uniquement lorsque vous faites les choses parfaitement. Dès que ce n'est pas parfait, vous vous considérez comme nul, votre estime de soi diminue.

– Vous avez une crainte importante d'être évalué négativement par les autres. Vous êtes à l'affût permanent du jugement des autres sur vous. Cela renforce votre perfectionnisme, vous ne pouvez plus vous permettre de ne pas être parfait, sous peine d'être mal jugé.

Ce perfectionnisme excessif a sans doute des conséquences sur votre vie et votre bien-être nous allons le voir plus en détail maintenant.

Des exigences trop élevées ?

Pour reprendre les mots employés par mes patients eux-mêmes, vous « fixez la barre trop haut », vous avez tendance à vous « mettre la pression », vous êtes dans un défi permanent. Il n'y a pas de limite à ce que vous attendez de vous. « Toujours mieux » et « toujours plus » sont vos maximes favorites. Vous dépensez beaucoup d'énergie à réaliser tous vos projets. Dès que vous en avez fini un, vous en commencez un autre, sans répit. Vous détestez rester sans rien faire. La qualité de vos actions doit être irréprochable. Pour l'instant, vous ne savez pas que le mieux peut être l'ennemi du bien, vous en demandez toujours plus et vous êtes finalement très rarement satisfait. Vous vivez même dans l'inquiétude permanente de ne pas être parfait.

Monique, cadre dans une banque, 49 ans : « J'ai toujours été extrêmement exigeante avec moi-même. Quand j'étais petite, à l'école, je voulais toujours être première. Actuellement, si mon appartement n'est pas parfaitement rangé, je ne peux pas recevoir quelqu'un. Au travail, c'est la même chose, je peux passer des heures sur un dossier jusqu'à ce que je le considère comme parfait. Et, une fois que j'ai terminé, je ne suis toujours pas fière de moi, je le relis à plusieurs reprises afin de dénicher encore la moindre erreur. »

Bruno, étudiant, 19 ans : « Pour réussir dans la vie, il faut être performant. Je dois préparer mes devoirs parfaitement. Je préfère ne pas aller à un examen plutôt que d'avoir un résultat moyen. Il m'est arrivé de demander un délai supplémentaire au professeur afin de finir mon exposé que je ne considérais pas encore assez parfait. Lorsque je sors le samedi, c'est la même chose, je me prépare pendant des heures afin d'être impeccable. Au cours du dîner, si la conversation vient sur un sujet que je ne connais pas, je préfère ne rien dire plutôt que de dire une bêtise. »

Françoise est commerçante. Elle consulte car elle dépense des sommes astronomiques en produits de beauté divers. Pendant une heure, chaque matin et chaque soir, elle se prépare, se douche soigneusement, se masse avec des crèmes hydratantes, amincissantes, antirides… Si, par hasard, son regard tombe sur une vergeture ou une imperfection de sa peau, c'est l'angoisse immédiate. Elle court chez une esthéticienne se procurer la dernière crème. À

40 ans, Françoise a un corps parfait, elle est superbe ! Seulement voilà, elle reste insatisfaite, elle juge que son corps ne correspond pas encore à l'idéal qu'elle s'est fixé. Son mari a menacé récemment de la quitter, las de la voir passer des heures dans ses préparatifs corporels et inquiet face au déséquilibre financier qu'entraînent les dépenses illimitées de sa femme en produits de beauté. Françoise se rend d'ailleurs tout à fait compte du caractère excessif de ses comportements.

Ces trois personnes ont des exigences excessives envers elles-mêmes. Elles doivent être parfaites, ne se donnent pas le droit à l'erreur ni au moindre défaut.

Vous vous imposez d'ailleurs en général des règles bien plus strictes que celles que vous imposeriez à d'autres personnes. Souvent, lorsque je demande à mes patients perfectionnistes : « En demanderiez-vous autant à votre meilleur ami ? » Ils me répondent : « Non, moi seul dois répondre à ces normes excessives, je ne les applique pas aux autres. »

L'insatisfaction permanente

Vous êtes un handicapé du plaisir. Vous êtes quelqu'un de très productif et de très performant. Mais vous ne prenez pas le temps de savourer vos réussites, d'en profiter et de vous gratifier. Vous ne vivez pas assez les émotions positives. En revanche, vous placez la barre si haut que vous considérez comme des drames des échecs même partiels. Vous êtes alors envahi par des émotions négatives, vous êtes insatisfait de vous-même. Votre seule façon d'être bien est d'être dans l'action. Votre plaisir est lié à la performance.

Vous êtes aussi insatisfait des autres, vous leur reprochez de ne pas vous avoir permis de satisfaire vos objectifs irréalistes.

Pression, stress et fatigue

Vous n'avez jamais assez de temps pour tout faire. Dès que vous terminez une tâche, vous en entamez une autre, sans répit. Vous êtes sous pression permanente. Au départ, votre hyperactivité ne vous fatigue pas car vous « fonctionnez au stress ». Vos glandes surrénales sécrètent l'adrénaline qui vous permet d'améliorer vos performances physiques. Mais ce mécanisme de stress, avantageux sur le court terme pour un sportif en compétition, pose bien des problèmes lorsque vous êtes stressé de manière chronique. En effet, vos glandes surrénales s'épuisent, vos défenses immunitaires diminuent, votre sensibilité à l'infection augmente et vous risquez de vous sentir fatigué. Ce phénomène de fatigue peut aussi être lié à des troubles du sommeil, fréquents chez les perfectionnistes.

Derrière cette hyperactivité apparente, se cache en général une terrible angoisse du vide, une impression que votre vie serait sans intérêt, sans aspérités, si vous ne faisiez pas tout ce que vous faites et si vous ne faisiez pas les choses parfaitement.

Le bonheur ? Tout à l'heure

Vous avez tendance à remettre le bonheur à plus tard. Vous n'avez guère le temps de vous en occuper et de plus vous pensez que le bonheur ne sert à rien. Vous êtes un besogneux, vous devez d'abord accomplir les tâches que vous vous fixez, même si elles ne sont pas agréables pour vous et vous vous dites : « Je m'accorderai du plaisir plus tard lorsque j'aurai fini mon travail, mon ménage, de m'occuper de mes enfants… » Seulement voilà, comme vous voulez tout faire parfaitement et que vous faites beaucoup de choses, vous n'avez jamais le temps de prendre votre plaisir et de vous occuper de vous.

L'erreur vous terrorise

Vous avez peur de mal faire. Vous vous faites des films, plus ou moins négatifs, parfois catastrophiques. Cette façon de voir les choses alimente votre perfectionnisme.

Martin, âgé de 52 ans, est cadre dans la fonction publique. Son chef lui a demandé de présenter l'état actuel de son travail à l'ensemble de l'équipe. Voici ce que Martin me dit : « Ma présentation ne sera pas bonne ; je n'ai pas assez travaillé, je n'ai pas le temps de la préparer, ils vont bien se rendre compte que mon travail est moins bon que celui des autres, je ne vais pas dormir et passerai la nuit à potasser. » Pourtant, Martin a longuement préparé cette présentation.

Aurélie, étudiante, 17 ans, passe son bac la semaine prochaine. Elle me dit : « Je n'ai pas assez appris le cours de mathématiques (elle l'a pourtant revu six fois), je suis en retard dans mon programme de travail, je ne pourrai pas dormir tôt ce soir car il faut que je révise encore plus, je dois à tout prix avoir une mention, seuls les meilleurs réussissent. »

Arthur, 37 ans, est chercheur. Il est un spécialiste dans son domaine. Pour sa carrière, il participe à un congrès aux États-Unis et se retrouve dans un amphithéâtre immense avec un public nombreux. Il a très longuement préparé sa conférence, avec beaucoup de minutie. Malgré tout, il doute et se dit : « Le thème de la conférence est éloigné du mien, les conférenciers ne respectent pas le temps de parole, je ne suis pas à ma place, mes travaux ne sont pas au niveau de ceux qui sont présentés actuellement, je vais décevoir mes responsables, je n'arriverai pas à prendre la parole, si je n'assure pas, je vais devoir arrêter ma carrière, je vais perdre mon travail, je vais perdre ma femme et mes enfants, je vais disparaître, changer de vie. »

Lorsque le perfectionnisme est excessif et très intransigeant, comme dans le cas d'Arthur, les pensées automatiques peuvent devenir de plus en plus généralisatrices, de plus en plus toxiques et aboutir à des scénarios véritablement catastrophiques.

On le voit avec ces exemples, le perfectionnisme, cela se passe d'abord dans la tête. Mais il peut envahir aussi votre vie quotidienne et vos comportements. Votre peur de l'erreur peut vous conduire à une méticulosité excessive.

Méticulosité, importance du détail, de l'ordre et de l'apparence

Vous êtes terrorisé à l'idée d'être pris en défaut ou désavoué par les autres. Du coup, l'attention que vous portez aux détails ne fait que s'accentuer jusqu'à devenir obsédante. Vous surveillez tout, tout le temps, vous êtes une sorte de vigile en haut du mât surveillant l'océan. IMPERFECTION À TRIBORD ! ALERTE !

Votre méticulosité est sans limites. Vous pouvez mettre trois fois plus de temps qu'un autre à écrire une lettre, à chercher un mot dans le dictionnaire, réétudiant chaque tournure de phrase, réécrivant l'intégralité de la lettre à la moindre rature…

Si par malheur vous faites une petite erreur, vous en êtes malade pendant plusieurs jours. Vous ne le vous pardonnez pas.

« À la fin de mon stage, m'explique Dorothée, j'ai remis mon mémoire à mon maître de stage. Lorsqu'il me l'a rendu avec ses commentaires, j'ai vu à son expression qu'il n'était pas entièrement satisfait. Immédiatement, j'ai pensé qu'il avait dû voir des erreurs et le juger pas très bon. Pourtant, j'avais travaillé des dizaines d'heures. Je l'avais lu et relu, fait relire à mes amis et à mes collègues, vérifié l'orthographe. Tout le monde m'a dit qu'il était très complet et abouti. Mais je redoute tellement que l'on juge mon travail imparfait qu'en voyant la tête de mon maître de stage, j'ai paniqué. »

Vous avez aussi le sens de l'ordre dans votre maison. Chez vous, tout est impeccable. Vous ne supporteriez pas de recevoir si votre maison n'était pas parfaitement rangée.

Cette méticulosité touche également votre apparence physique. Votre look est très soigné. Vous préférez les vêtements de marque, votre coiffure est impeccable et votre maquillage savamment soigné.

Vous pensez que les autres auront une mauvaise opinion de vous si vous faites la moindre erreur. Pourtant, vous n'en faites pas souvent et pas beaucoup car votre perfectionnisme vous permet de les éviter.

Votre sens du détail touche au pointillisme excessif. Vous pouvez perdre de vue l'essentiel et manquer d'esprit de synthèse. Vous pouvez ainsi rater des décisions essentielles de votre vie. Nous allons le voir ci-dessous, c'est le cas de Claude qui n'a pas préparé son avenir et de Martin qui est resté célibataire.

Atermoiements, doute et indécision

Lorsque vous avez des décisions à prendre, vous hésitez, vous pesez longuement le pour et le contre, les avantages et les inconvénients… pour finalement ne rien décider ! Vos indécisions vous coûtent cher et vous empêchent de réaliser vos projets de vie.

On parle d'« atermoiements » pour définir ces longues hésitations face aux décisions. Attention, la « procrastination » vous guette. Grand mot pour dire que vous repoussez toujours au lendemain (et à jamais ?). Par peur de vous tromper, de ne pas prendre la bonne décision, vous préférez la repousser. Et c'est finalement sur vous que cela retombe.

À 40 ans, Claude, qui a pourtant les moyens et l'envie de devenir propriétaire, se plaint d'être toujours locataire, de dépenser une grande partie de ses revenus dans un loyer et de ne pas « construire ». « J'ai visité de très nombreux appartements mais il y a toujours quelque chose qui ne va pas. Soit il n'a pas la bonne exposition, soit pas le bon étage, soit pas le bon quartier, soit le prix est trop élevé, soit il y a trop de travaux… » Chaque fois, Claude retourne visiter plusieurs fois l'appartement à vendre, jusqu'à épuiser la patience des agents immobiliers. Lorsqu'il est intéressé par le projet, il passe de longues soirées dans le doute et la réflexion à peser par écrit le pour et le contre. Mais il finit toujours par ne plus savoir quoi penser et par rappeler le vendeur en s'excusant : « Je suis désolé, j'ai trop peur de me tromper, je préfère ne pas l'acheter. » Cette indécision chronique a conduit Claude à une certaine précarité. En effet, le fait de ne pas décider l'achat le maintient dans un statut de locataire alors qu'il aurait pu depuis plus de dix ans rembourser une bonne partie de son prêt et envisager ainsi un peu différemment son avenir.

À 50 ans, Martin est toujours célibataire. Il a bien eu plusieurs petites amies qui lui plaisaient. Certaines de ces relations ont duré et Martin aurait pu se marier. Chaque fois, il a repoussé la décision : « Nous verrons plus tard. » Plusieurs de ses petites amies se sont lassées et l'ont quitté. Martin admet que son indécision a été fatale à sa vie sentimentale. Il ajoute tout de même : « Vous comprenez, on ne peut pas se tromper quand il s'agit de choisir la compagne de sa vie. »

Si, enfin, vous prenez une décision, vous doutez ensuite d'avoir fait le bon choix. Vous êtes un spécialiste de l'échange dans la semaine qui suit votre achat. Après avoir discuté pendant de longues minutes avec le vendeur patient de toutes les caractéristiques de la voiture, vous avez finalement opté pour la version luxe certes plus chère, mais aussi plus agréable. Arrivé chez vous, vous pensez que vous avez fait une folie et que vous auriez dû acheter la plus simple, moins chère. En effet, vous avez beaucoup d'autres choses à acheter. Vous retéléphonez alors au vendeur et vous demandez à annuler le bon de commande. Mais le lendemain, vous vous rendez compte à quel point il aurait été agréable d'avoir la climatisation ! Cette fois-ci, n'osant pas changer à nouveau la commande pour la deuxième fois et prendre de son temps au sympathique vendeur, vous vous dites : « Tu vois, tu t'es encore trompé, tu aurais mieux fait de ne pas changer le bon de commande. »

Vos hésitations vous font faire des erreurs et vos erreurs vous font hésiter lors de vos choix suivants.

Des travaux en psychologie montrent que l'on a plus de regrets au sujet de ce que l'on n'a pas fait que de remords au sujet de ce que l'on a fait[1]. Il serait donc moins dommageable pour votre moral d'acheter un appartement et de vous tromper que de prendre le risque de laisser passer l'occasion de votre vie.

Attention, à force de douter de vos choix, vous risquez par finir de douter de vous-même et de perdre confiance en vous. Claude et Martin, à force d'hésiter dans leurs choix de vie, ont fini par douter d'eux-mêmes et ont présenté tous les deux des dépressions qui les ont amenés à ma consultation.

Références, règles, modèles, conformisme

Vous avez besoin de vous référer et de vous conformer en permanence à des règles qui vous rassurent (car vous les connaissez depuis longtemps), mais qui vous enferment aussi dans un certain conformisme.

Souvent ces modèles de vie vous ont été enseignés dès votre enfance. Vos parents attendaient beaucoup de vous, ils comptaient sur vous, voulaient le meilleur de vous. Petit garçon ou petite fille, vous avez cherché à répondre à ces attentes parentales. Et vous avez plus ou moins inconsciemment conservé à l'âge adulte cette attitude de petit garçon ou de petite fille qui répond à ce que ses parents attendent d'elle ou de lui. Aujourd'hui, vous répondez à ceux qui vous entourent : votre supérieur au travail, votre conjoint, vos amis. Mais c'est le même mécanisme, la même attitude de réponse à des attentes perfectionnistes, que vous avez gardé

---

1. André C., « Regrets d'hier et d'aujourd'hui », *Cerveau et Psycho*, n° 9, mars 2005, p. 32-36.

en vous. Au moins, comme cela, pensez-vous, vous êtes sûr de faire plaisir et de ne pas décevoir les autres.

Olivia est une adolescente de 17 ans, assez complexée. Elle consulte pour des troubles obsessionnels compulsifs sévères et une « trichotillomanie » (maladie se manifestant par l'arrachage compulsif des cheveux et des cils). Ses troubles sont anciens, très structurés et ont pris place dans un contexte de difficultés familiales majeures.

Olivia est une jeune fille extrêmement perfectionniste. En cours de thérapie, elle a établi une liste de ses propres défauts. Elle l'a sur mon conseil lue à une de ses meilleures amies qui lui a répondu : « Oui, c'est vrai que tu as ces défauts, mais je n'y fais même pas attention, ils ne me gênent vraiment pas. » Olivia était très perturbée à l'idée que ces défauts puissent déplaire aux autres. Elle cherchait à gommer tous les petits points faibles de sa personne afin de montrer une image lisse et parfaite. Voici un extrait de la consultation.

THÉRAPEUTE : « Pourquoi cherchez-vous, Olivia, à gommer tous vos défauts ? »

OLIVIA : « Je dois correspondre à un modèle de fille parfaite. C'est ce modèle que j'aimerais que les autres voient. »

THÉRAPEUTE : « À votre avis, les autres ont-ils envie de voir votre modèle parfait ou vous telle que vous êtes ? »

OLIVIA, réfléchit quelques secondes et me dit en souriant : « En fait je crois qu'ils ont envie d'être avec moi (plutôt qu'avec mon modèle). Avec ceux que je connais bien, je peux me permettre d'être naturelle. »

THÉRAPEUTE : « Alors pourquoi continuez-vous à vouloir leur montrer un modèle de perfection ? »

OLIVIA : « Ce n'est pas pour les autres que je le fais. »

THÉRAPEUTE : « Pour qui le faites-vous ? »

OLIVIA : « Pour me plaire. En plaisant davantage aux autres, je pense me plaire plus à moi-même. »

Puis Olivia précise : « Il y a deux types de personnes, celles qui me connaissent bien et qui m'acceptent telle que je suis. Avec elles je ne ressens pas le besoin de faire d'effort ou de chercher à cacher mes défauts. C'est surtout avec celles qui me connaissent moins bien que j'essaie de montrer un modèle de perfection. »

Olivia court après son image. Le fait de vouloir répondre à un modèle de jeune fille parfaite l'amène à s'éloigner d'elle-même, de sa personnalité. Elle ne paraissait pas naturelle aux autres. Une jeune fille unique avec ses qualités et ses défauts est plus attirante qu'une nième jeune fille cherchant à répondre à des standards largement répandus de la jeune fille parfaite. Autrement dit, si vous voulez vous sentir bien dans votre peau, soyez vous-même, unique, avec vos qualités et vos défauts et évitez trop de conformisme.

Une fragilité face à la critique

En toile de fond du perfectionnisme, la sensibilité aux critiques montre un de vos points de fragilité : « Être désapprouvé par les autres et vous sentir humilié si un jour vous n'étiez pas parfait. » Vous pouvez être terrorisé par cette perspective.

François, le désaveu public

François, cadre en informatique, doit présenter son projet la semaine prochaine à son équipe. Il me raconte les nuits de cauchemars qui précèdent cette présentation. Les scénarios catastrophes l'habitent aussi la journée. Il imagine la réaction de son supérieur devant tous ses collègues après sa présentation : « Enfin, François, c'est tout ce que vous avez à nous présenter comme données ! Vous m'avez habitué à mieux. Cela ne vous paraît pas un peu sommaire ? Pourrai-je compter sur un travail réellement sérieux à l'avenir ? »

C'est souvent pour éviter ce risque d'être critiqué que vous préférez tout faire parfaitement. En fait, ce sont les critiques parentales que vous évitez encore. Cela aussi s'est construit dès votre enfance. Petit, en rentrant de l'école, vous étiez paniqué par la réaction de vos parents si vous n'étiez pas dans les meilleurs de la classe. Vous aviez toujours tendance à croire que vos parents vous critiquaient et vous critiqueraient au moindre faux pas. Certains perfectionnistes ont eu des parents très critiqueurs. D'autres ont toujours pensé que leurs parents les critiquaient sans que ça corresponde vraiment à la réalité. Cette « sensibilité aux critiques » est fréquente chez les perfectionnistes.

CHAPITRE 3

Quel perfectionniste êtes-vous ?

Distinguez le perfectionnisme excessif du perfectionnisme constructif

Je vous présente ci-dessous un tableau qui vous aidera à mieux faire la différence entre les bons côtés du perfectionnisme... et les moins bons.

Tous ces points sont primordiaux, ils sont expliqués et approfondis tout au long de ce livre, mais il me semble intéressant d'avoir dès maintenant ce tableau comparatif, afin de bien comprendre les différences entre un « bon » et un « mauvais » perfectionnisme avant de tester votre type de perfectionnisme.

La bonne façon d'être perfectionniste	La mauvaise façon d'être perfectionniste
– La perception de soi-même est objective. – Pas de souci d'apparaître parfait. – Les objectifs sont atteignables.	– La perception de ses défauts est exagérée. – Souci d'apparaître parfait. – Les objectifs sont irréalistes et inatteignables.
– Le perfectionnisme est surtout dirigé vers soi-même et se manifeste par des exigences élevées qui nous permettent de réaliser nos défis.	– Le perfectionnisme n'est pas seulement orienté vers soi, mais aussi envers les autres et de plus on cherche trop à répondre à des normes sociales perfectionnistes.
– La méticulosité et le sens du détail sont au service de la performance.	– La méticulosité et le sens du détail sont tellement intenses qu'ils paralysent la productivité.
– On accepte de faire des erreurs et on les considère comme une source de progrès personnel.	– On est terrorisé par l'erreur que l'on considère comme un reflet de notre échec personnel.
– On garde un rythme de vie correct avec des temps de loisirs et de repos. – On vit des émotions positives, on est heureux de vivre.	– On est stressé, débordé, trop de temps est consacré à réaliser son perfectionnisme. – On vit dans l'insatisfaction permanente, quels que soient les résultats obtenus.
– On est capable de sortir des sentiers battus et on a un certain sens de l'imagination et de la création. – Le perfectionnisme ne retentit pas sur les autres, sur l'entourage.	– On accorde beaucoup d'importance aux règles, aux références, aux modèles, on est trop conformiste. – Le perfectionnisme a des conséquences négatives sur l'entourage.

Évaluez
votre perfectionnisme

Vous avez maintenant repéré les grands traits du perfectionnisme excessif et en avez peut-être déjà reconnu certains chez vous. Si vous souhaitez aller plus loin et évaluer plus précisément votre perfectionnisme, je vous propose le test suivant.

Répondez à chacune de ces trente questions par plutôt vrai ou plutôt faux.

	Plutôt Vrai	Plutôt Faux
1 – Exigences élevées et ambition personnelle :		
Q1 : Je fais les choses parfaitement sinon je préfère éviter de les faire.		
Q2 : Je suis très dur(e) avec moi-même.		
Q3 : J'ai souvent l'impression que les choses ne sont pas parfaites et cela me dérange.		
Q4 : Je me fixe des objectifs plus élevés que la plupart des gens.		
Q5 : Je suis au fond quelqu'un d'assez ambitieux pour moi et je me fixe d'atteindre des objectifs élevés.		
Q6 : C'est important pour moi d'être parfait dans tous les domaines.		
2 – Insatisfaction, manque de plaisir et stress :		
Q7 : Rien de ce que je fais ne me satisfait totalement.		
Q8 : Si je m'accorde des temps de plaisir sans objectif de rentabilité, je me sens coupable.		

	Plutôt Vrai	Plutôt Faux
Q9 : J'ai de la peine à trouver des moments de détente.		
Q10 : Même si je sens que j'aurais parfois besoin de lâcher prise, je n'y arrive pas.		
Q11 : Je ne me sens pas bien tant que je n'ai pas fait les choses parfaitement.		
Q12 : Mon perfectionnisme me crée souvent du stress.		
3 – Erreurs et risque d'être critiqué.		
Q13 : Si je fais une erreur, je ne le supporte pas, pour moi cela signifie que je suis en échec.		
Q14 : Si je fais une erreur, je perdrai l'estime des autres.		
Q15 : J'espère toujours être le premier.		
Q16 : Si j'échoue au travail, à la maison ou dans mon rôle de parent, cela signifie que je ne suis pas une personne de qualité.		
4 – Méticulosité, détail, ordre, apparence :		
Q17 : Je ne supporte pas que l'on me voie avant que je sois parfaitement prêt (bien habillé(e), coiffé(e), maquillée, etc.)		
Q18 : J'essaie d'être une personne soignée.		
Q19 : J'aime bien faire les choses avec beaucoup de méticulosité.		
Q20 : Le sens de l'organisation est une valeur très importante pour moi.		

	Plutôt Vrai	Plutôt Faux
5 – Doute dans l'action, indécision et procrastination :		
Q21 : Je doute de tout ce que je fais.		
Q22 : J'hésite souvent longtemps avant de décider		
Q23 : Parfois je peux perdre beaucoup de temps à refaire les choses parfaitement.		
6 – Respect des règles et conformisme :		
Q24 : Je pense souvent qu'il y a une seule bonne façon de faire les choses.		
Q25 : Je préfère les solutions que je maîtrise et que je connais.		
Q26 : J'ai tendance à imposer ma façon de faire aux autres.		
7 – La terreur de la critique :		
Q27 : Je dois être parfait pour ne jamais être désapprouvé par les autres.		
Q28 : Si les autres voient mon imperfection, ils me jugeront comme incompétent.		
Q29 : Si je fais une erreur cela signifie que je suis nul(le).		
Q30 : Je me critique sans arrêt. Je ne critiquerais jamais un de mes amis comme je me critique moi.		

Résultats :

Lorsque votre réponse est « plutôt vrai » : comptez 1 point.

Lorsque votre réponse est « plutôt faux » : comptez 0 point.

Faites le total.

Si votre score est inférieur à 10, votre perfectionnisme va dans le bon sens.

Si votre score est compris entre 10 et 20 : vous avez probablement intérêt à être moins perfectionniste.

Si votre score est supérieur à 20 : vous avez tout intérêt à entreprendre un travail sérieux pour diminuer votre perfectionnisme.

Plus votre score est élevé et s'approche de 30, plus votre perfectionnisme risque d'être toxique.

DEUXIÈME PARTIE

Mieux comprendre votre perfectionnisme

Nous avons vu que le perfectionnisme, qu'il soit constructif ou handicapant, est lié à une tendance aux exigences élevées. Voyons maintenant comment se construit et se maintient cette tendance pourtant parfois nocive.

Trois types de facteurs sont à l'origine de la constitution d'exigences élevées.

• Des facteurs parentaux et familiaux : leur style éducatif, mais aussi leur personnalité et leur propre éducation.

• Des facteurs environnementaux : culture perfectionniste, influence des pairs…

• Un terrain génétique, biologique particulier. Ces trois séries de facteurs présents dans des proportions variables suivant les cas, donnent naissance, comme on va le voir, à un *préjugé d'infériorité* chez l'enfant qui pense très tôt qu'il n'est pas à la hauteur.

Afin de devenir une personne valable et de lutter contre ce sentiment d'infériorité, l'enfant se fixe des règles de vie : les trois principales *règles de vie* étant : « Je dois tout réussir », « Je dois me sentir aimé » et « Je dois contrôler et maîtriser les choses. »

Cet ensemble conduit aux *manifestations du perfectionnisme* : des exigences trop élevées, un sens de l'organisation qui tourne à l'obsession, une terreur de l'erreur, des doutes permanents, l'obligation de respecter certaines règles ou modèles, la peur des critiques, la toxicomanie de l'action, l'insatisfaction permanente et une vision intransigeante de soi-même.

Mais l'affaire n'est pas tout à fait terminée. À ce stade, votre perfectionnisme est constitué et manifeste dans votre vie, mais il se nourrit d'autres éléments pour se maintenir tout au long de votre vie. Ce sera le rôle des *filtres de pensées* qui vont vous faire analyser et interpréter d'une façon toujours orientée les événements qui vous arrivent. Ces filtres auront pour conséquence de maintenir vos exigences élevées.

Nos sociétés modernes de par leurs exigences vont ensuite renforcer ce perfectionnisme que vous aurez en germe. Elles peuvent aussi parfois créer un perfectionnisme chez des personnes qui ne l'étaient pas forcément. Ces messages sociaux poussant au perfectionnisme commencent dès l'école sur les bulletins de notes : « peut mieux faire[1] ». Vous devrez ensuite devenir un étudiant parfait pour trouver un travail, un employé parfait pour satisfaire votre patron et, toujours, société de performance oblige, un consommateur parfait pour satisfaire la société de consommation. Pour les femmes, une mère parfaite pour ne vous exposer à aucun reproche sur l'éducation de vos enfants, avoir un corps parfait pour vous accepter, avoir des orgasmes quasi instantanés au cours de chacun de vos rapports sexuels pour vous sentir une vraie femme épanouie (du moins vous le fait-on croire) et correspondant enfin aux normes de la femme moderne telles qu'on vous les inculque et auxquelles il semble bien difficile de résister. J'ai pris l'exemple de la femme actuelle, car ces exigences sociales finissent par étouffer bon nombre d'entre elles qui finissent chez le psy avec l'impression de ne jamais être à la hauteur. Rassurez-vous mesdames, les hommes subissent eux aussi de plein fouet ces exigences sociales inaccessibles. Le travail sans aucune erreur, une culture suffisante pour animer une soirée, le sens de

---

1. Pleux D., *Peut mieux faire*, Paris, Odile Jacob, 2001.

l'humour infaillible tant apprécié des dames, le charme ténébreux et profond, le sens de l'écoute associé à un zeste de virilité. Ne commencez-vous pas tous à courir à votre tour messieurs dans les salons d'esthétique pour essayer à prix d'or la dernière crème anticernes (mais oui vous travaillez tellement). Si c'est pour votre détente, votre plaisir et que vous en avez les moyens financiers, d'accord. Mais si vous vous soumettez à l'image parfaite de l'homme moderne, ne risquez-vous pas alors de devenir dépendant de ces exigences sociales parfois si irréalistes ?

Alors, mesdames, messieurs, arrêtez cela. Ne vous laissez pas guider par des exigences extérieures si elles ne correspondent pas à vos désirs profonds. Soyez vous-même avec vos erreurs, vos manques, vos défauts, vos points faibles, vos errances, vos incertitudes. Ce sont les normes sociales qui, lorsqu'elles sont excessives, sont folles, pas vous.

Pour vous aider à cette prise de distance, à relativiser, pour mieux vous accepter, il est avant tout nécessaire de bien comprendre le perfectionnisme : comment naît-il ? Comment se poursuit-il ? Pourquoi continuons-nous parfois à répondre à des exigences dont nous percevons pourtant l'excès ?

C'est l'objet de cette partie de vous aider à identifier les mécanismes du perfectionnisme, ses facteurs psychologiques et ses facteurs sociaux.

CHAPITRE 4

Des filtres de pensées

Une certaine façon de voir

Quand on est perfectionniste, on a une certaine façon de voir les choses et de se voir soi-même. On se fixe des impératifs :

- – je dois tout réussir,
- – je dois être dans les meilleurs,
- – aucun détail ne doit être laissé au hasard,
- – ce que je fais n'est jamais suffisant,
- – je ne suis pas vraiment satisfait de ce que j'ai fait,
- – je ne dois pas être mal jugé par les autres,
- – ma réussite sociale et professionnelle est ma seule façon d'être heureux,
- – le travail doit passer avant la détente,
- – je ne peux pas me permettre l'erreur ou l'imperfection…

Ces pensées négatives, intransigeantes vous font du mal. À force de vous imposer des objectifs impossibles, vous ne les atteignez pas souvent et vous finissez par douter de vous. Vous y adhérez avec conviction, sans les remettre en cause. Pourquoi avons-nous tendance à garder des pensées sur nous-mêmes qui sont toujours les mêmes et à répéter nos comportements ?

Les filtres de pensées

Notre pensée n'est peut-être pas si libre que cela. Nous avons tous, de manière inconsciente, une certaine façon de nous voir et de voir les choses. L'interprétation que nous faisons de nos actes et des événements qui nous entourent va toujours dans le même sens. Nous filtrons l'information à travers une sorte de prisme. Nous ne voyons qu'une partie de la réalité. Si nous portons des lunettes grises, nous verrons la vie en gris. Si nous portons des lunettes roses, nous verrons la vie en rose. C'est un peu pareil avec les filtres de pensées.

L'arrière-scène du perfectionnisme

Un peu comme au cinéma où le spectateur ne voit que l'avant de la scène et le résultat final : le film joué par ses acteurs préférés. Pour en arriver à ce résultat, il a fallu des centaines d'heures de travail, des dizaines, voire des centaines de personnes : éclairagistes, scriptes, maquilleurs, metteurs en scène, scénaristes… Sans ces acteurs de l'ombre et cette arrière-scène, le film n'existerait pas.

Notre cerveau fonctionne aussi de cette façon. Il ne nous permet de voir consciemment que l'avant-scène. À vous, comme nous le verrons plus loin, de découvrir votre arrière-scène. Mais d'abord prenez conscience de votre scénario personnel. Quel film jouez-vous ? Le scénario perfectionniste utilise des personnages qui sont toujours les mêmes et qui jouent toujours les mêmes rôles. Ils veulent toujours faire mieux et ne sont jamais contents d'eux.

Voici ce que vous disent ces personnages.

Un film en noir et blanc

Vous voyez la vie en noir ou en blanc. Il n'y a aucune nuance de gris dans votre vision des choses et encore moins de couleur. Le sens de la mesure ne fait pas partie de votre analyse. Soit vous considérez que vous avez réussi, soit que vous avez échoué. Soit vous pensez que vous êtes parfait, soit vous pensez que vous êtes nul. Soit vous vous évaluez à 20/20, soit à 0. Pour vous, le bien ne vous suffit jamais, vous devez toujours faire mieux. Que vous ayez 15/20 ou 7/20, cela ne change rien, vous auriez voulu avoir 19 ou 20. Un 15/20 n'est pas suffisant et vous ne serez pas content de vous. Le problème, c'est que la vie est rarement comme cela. Nous vivons souvent des choses qui peuvent être bien sans être parfaites, mauvaises sans être catastrophiques. Assez bien, pas trop mal, moyennes… Mais la moyenne, c'est votre terreur. « Tout sauf être moyen », entends-je régulièrement en consultation.

« C'est toujours la même chose »

Vous généralisez vos imperfections. Si, par exemple, votre travail n'a pas été parfait, au lieu de penser : « Aujourd'hui ce n'est pas terrible le travail que j'ai fait », vous amplifierez, généraliserez et penserez : « De toute façon, mon travail est nul, il a toujours été nul et il sera toujours nul. » Au lieu de rester précis dans vos autocritiques sur un dossier qui serait peut-être à revoir, vous généralisez vos incompétences à l'ensemble du domaine professionnel. Vous allez alors considérer que c'est l'ensemble de votre travail qui est nul. Puis, si vous continuez à généraliser, vous en arrivez à considérer que c'est l'ensemble de votre personne qui est nul.

Vous faites aussi une généralisation temporelle, c'est-à-dire que si c'est comme cela maintenant, cela a toujours été comme ça et ce sera toujours comme ça.

On conçoit à quel point ce mécanisme est toxique et risque de vous plonger très vite dans la déprime.

« C'est pas mal, MAIS j'aurais pu mieux faire »

Un autre filtre de pensée extrêmement courant est le : « OUI-MAIS ».

Judith me dit qu'elle a encore passé une semaine épouvantable et que décidément elle est nulle. J'ai l'habitude de ce discours qu'elle me tient depuis une vingtaine de séances. Elle commence d'ailleurs toutes ses consultations comme cela.

Judith a des difficultés pour entrer en contact avec les autres. Pour l'aider, je lui ai demandé d'aller dire bonjour personnellement à chaque participant de son cours de gym en le regardant dans les yeux. Nous avions préparé ensemble cette scène en consultation. J'ai pris le rôle de Judith pour lui montrer comment se présenter au groupe, puis elle l'a repris à son tour jusqu'à ce qu'elle y arrive aisément. Il fallait amener Judith à comprendre que pour s'intégrer dans les groupes il lui fallait adopter une posture adéquate. Judith a ainsi pris conscience que lorsqu'elle arrivait dans la salle de gym juste avant le début du cours, alors que le prof était déjà assis avec six ou sept élèves, elle disait bonjour de loin, dans leur dos avec une voix tellement faible que personne ne l'entendait ni ne la voyait. Le jeu de rôle avait permis à

Judith de voir qu'il lui fallait s'avancer jusque dans le groupe, puis regarder chaque membre gentiment en disant bonjour avec un sourire, tout en respectant les conversations en cours.

Judith a pu appliquer ces conseils dans sa vie réelle. Au cours de gymnastique suivant, elle s'est approchée discrètement du groupe, s'est assise à côté des autres participants et a dit bonjour en les regardant et en souriant. Chaque membre lui a alors répondu très gentiment. Pour la première fois, une jeune femme lui a proposé de venir répéter le cours de gym avec elle, ce qui n'était jamais arrivé depuis le début de l'année.

Lorsque je la félicite en lui disant : « Judith c'est excellent, vous avez fait ce que nous avions prévu. Cela s'est bien passé et vous a permis d'entamer une relation avec une de vos collègues du cours de gymnastique. »

Elle me répond : « OUI… MAIS, c'est un coup de chance, cela ne se reproduira pas. Vous savez, j'ai beaucoup d'autres choses bien plus négatives qui me sont arrivées cette semaine… », et Judith repart dans son discours habituel m'expliquant que décidément elle n'est à la hauteur de rien…

Il y a plus de quinze ans maintenant que j'ai été frappé par cette expression OUI MAIS chez mes patients. Tout se passe comme si, pour eux, il était difficile d'accepter qu'ils aient fait quelque chose de bien ou qu'il leur soit arrivé quelque chose de bien, sans qu'immédiatement ils mettent un bémol avec le « MAIS ». Et à partir de ce mot « MAIS », je sais que la catastrophe arrive. Je sais que ces patients vont me raconter toutes leurs erreurs, leurs échecs et s'efforcer de me démontrer à quel point ils ne valent rien.

Je les mets souvent au défi en souriant : « Je suis tout à fait prêt à vous croire, peut-être êtes-vous la plus nulle des nulles, après tout c'est possible. Je n'ai pas de chance, elle est arrivée dans mon cabinet !!! » Je ne fais évidemment cette intervention que si j'ai une bonne relation avec la personne et que je la connais bien, mais en général cette intervention surprend un petit peu et déclenche un léger sourire. Un peu d'humour peut être utile en thérapie. Puis j'ajoute : « Mais, vous savez, j'ai tendance à ne croire que les faits. Aussi, je croirai en votre nullité lorsque vous m'aurez apporté des preuves qui me démontrent que vous êtes vraiment nulle. » J'essaie par là de leur montrer à quel point il est important de ne pas fonder nos jugements personnels sur des croyances, même si nous en sommes convaincus, et de confronter nos opinions aux faits.

D'abord comme un jeu, puis de manière sérieuse, j'ai demandé à une de mes patientes qui disait souvent « oui mais » de compter le nombre de fois où elle l'utilisait dans une journée. Elle est revenue en m'expliquant que c'était en moyenne trente-sept fois par jour. Je lui ai alors demandé d'essayer de mettre un point final après son oui, sans dire le « MAIS ».

Si Judith appliquait cet exercice à elle-même, cela donnerait : « Oui, c'est vrai j'ai appliqué l'exercice que nous avions fait ensemble avec rigueur et efficacité. J'y suis parvenue et j'en suis très contente. Je suis fière de moi et de plus je me suis fait une nouvelle amie au cours de gymnastique. » À votre avis, avec ce discours sur elle-même, Judith se sentirait-elle aussi mal au retour de son cours de gymnastique ?

Si vous appliquez cet exercice vous-même, il est important que vous observiez un point final après le OUI. Prenez une respiration et goûtez l'émotion positive que vous vivez lorsque vous parlez positivement de vous.

Si vous utilisez le « OUI-MAIS », l'analyse négative de votre vie vient immédiatement annuler, contrecarrer et vous retirer tous les bénéfices de vos comportements positifs. Il n'y a plus vraiment de comportement positif s'il est systématiquement associé à un comportement négatif.

C'est le MAIS, diminuant l'impact positif sur son estime de soi de son comportement positif qui pousse le perfectionniste à vouloir en faire encore plus. C'est ce MAIS qui va nous dire : ce n'est pas encore assez parfait. OUI c'est bien, MAIS ce n'est pas encore parfait. Si vous voulez sortir du perfectionnisme excessif, il est important de vous contenter du bien et de ne pas aller jusqu'au parfait. Dites-vous OUI sans condition lorsque quelque chose se passe bien et rayez le OUI-MAIS de votre vocabulaire pendant quinze jours, vous verrez à quel point vous vous sentirez mieux.

« Nul ou génial ? »

Voici une autre interprétation qui peut au premier abord surprendre. En effet, on peut penser que ce OUI-MAIS est aussi un frein à une tendance mégalomaniaque, c'est-à-dire à surestimer sa valeur. Imaginer qu'un patient qui passe son temps à se sentir nul avec une estime de soi effondrée est mégalomaniaque, n'est-ce pas contradictoire ? Si on y réfléchit bien, pas tant que ça. On peut se demander en effet si ce type de formulation ne relève pas de ce que l'on appelle couramment de la « fausse modestie » et d'une personnalité plutôt narcissique. Cette fausse modestie ne cacherait-elle donc pas finalement une haute estime de soi ?

Les psychologues cognitivistes expliquent qu'il faut toujours chercher à l'opposé de l'axe du schéma cognitif. À savoir, plus un patient vous dit qu'il est nul, plus il faut chercher ses tendances inconscientes à vouloir devenir génial. Le « OUI-MAIS » serait alors une espèce de frein à une tendance à vouloir être quelqu'un de génial et parfait.

L'existence d'un narcissisme surdimensionné est donc à rechercher chez les perfectionnistes, même si ceux-ci ont un discours très dévalorisant sur eux-mêmes. La recherche de la perfection et d'exigences très élevées étant alors au service de cet objectif idéaliste. Beaucoup de mes patientes qui se trouvent « nulles » et « laides » ont au fond d'elles-mêmes pour idéal d'être admirées et vues comme la plus belle et la plus intelligente. C'est en sortant de ces excès, être soit la plus belle et la plus intelligente, soit la plus laide et la plus « nulle », que ces personnes vont réussir à progresser.

« Je dois être parfait jusque dans les moindres détails »

Ce filtre consiste à se faire un jugement global à partir d'un point de détail. Un de mes patients, cadre en entreprise, avait présenté les résultats de son service au cours d'une communication de trente minutes avec une cinquantaine de diapositives. Il revient à la consultation suivante catastrophé : « Je vous avais bien dit que je serais minable lors de ma présentation orale, j'avais raison. » Lorsque je l'interroge pour savoir sur quoi il se juge minable, j'apprends qu'à la quarante-deuxième diapositive, une grosse faute d'orthographe n'avait pas été corrigée. Depuis la présentation qui avait eu lieu trois jours avant, il pensait jour et nuit à cette diapositive que tout le monde avait vue, y compris ses supérieurs, et se disait qu'il allait être fort mal jugé sur cet élément. Alors que le reste de sa présentation avait été correct, ses collègues le lui avaient dit, il s'était focalisé sur ce détail.

Ce patient présente en fait deux mécanismes cognitifs qui l'amènent à cet état de stress. Tout d'abord, il ne retient qu'une seule erreur, une faute d'orthographe à la quarante-deuxième diapositive, et se focalise sur ce détail. Tout le reste de sa présentation est comme annulé. Ce mécanisme de pensée qui consiste à extraire d'un ensemble satisfaisant un seul détail sur lequel vous n'avez pas été à la hauteur s'appelle « abstraction sélective ».

Dans un deuxième temps, ce patient en tire la conclusion suivante : si ma présentation n'est pas parfaite (puisqu'elle comporte une faute d'orthographe à la quarante-deuxième diapositive), mes supérieurs ne me le pardonneront pas et vont mal me juger. Cette conclusion est toute personnelle à ce patient. Il ne sait en fait pas si ses supérieurs vont remarquer cette faute d'orthographe et encore moins s'ils vont mal le juger à cause de cette erreur. Ce mécanisme est appelé une « inférence arbitraire » par les cognitivistes.

Ce vocabulaire un peu technique mérite d'être connu, parce qu'il rend compte de mécanismes de pensée dysfonctionnels qui sont très répandus. Une fois qu'ils sont repérés et compris, on peut agir dessus (nous le verrons dans la quatrième partie).

« Mes erreurs et mes manques sont intolérables »

Le perfectionniste maximalise les événements négatifs en leur accordant une très grosse importance. On zoome sur les points négatifs en même temps qu'on minimise les points positifs.

Une de mes patientes souffrant de dépression ne faisait pratiquement plus rien. Je lui avais demandé de faire un petit exercice : sortir de chez elle et faire le tour de son immeuble, ce qui devait lui prendre une dizaine de minutes.

À son retour, à la consultation suivante, d'un air catastrophé, elle me dit : « Je n'ai encore rien fait cette semaine. » Cela parce qu'un jour dans la semaine, le samedi, elle n'avait pas fait son exercice. Tous les autres jours de la semaine elle l'avait fait et même souvent deux fois. Après avoir été angoissée à l'idée de sortir de chez elle les premières fois, petit à petit, elle y avait pris goût et y avait même pris un certain plaisir. Lorsque je lui ai fait remarquer qu'elle avait fait au fond la tâche douze fois (deux fois par jour pendant six jours et zéro fois le septième jour) alors que je ne lui avais demandé que sept fois (une fois par jour pendant sept jours), elle eut l'air surprise. En effet, elle n'avait pas l'habitude de voir les choses sous cet angle. Elle n'avait retenu que le jour où elle n'avait pas fait son exercice (en maximalisant ce qu'elle avait mal fait) et n'avait pas retenu que, les six autres jours de la semaine, elle en avait fait deux fois plus (en minimalisant ce qu'elle avait bien fait).

Ce filtre de pensées est nommé maximalisation du négatif par les cognitivistes.

« C'est sûrement moi qui suis en cause »

Ce filtre veut que l'on rapporte les choses à soi. Si deux collègues sourient au fond du couloir, je penserai que c'est de moi qu'ils sont en train de parler. Si j'entends de très loin le chef dire : « Oh, elle ne travaille pas terriblement bien en ce moment », je penserai encore que c'est de moi que l'on parle…

Ce mécanisme de la pensée est nommé par les cognitivistes « personnalisation ». Lorsque l'on fait de la personnalisation, on a tendance à tout rapporter à soi et en particulier ce que l'on craint.

Mais, finalement, d'où viennent ces filtres de pensées, d'où vient cette façon de vous voir et de voir les choses ? Nous allons continuer à remonter le fil d'Ariane et voir dans le chapitre suivant que vous avez en vous des règles de vie implicites qui façonnent votre façon de voir et de penser. Ces règles de vie ne sont pas toujours conscientes. Il vous faudra souvent les rechercher avec attention. Pour vous aider dans cette recherche, je vais vous décrire les règles que l'on rencontre le plus fréquemment chez les perfectionnistes. Chacun d'entre vous peut avoir une ou plusieurs de ces règles de vie.

CHAPITRE 5

Des règles de vie

Tous les psychothérapeutes constatent la répétition des mêmes scénarios joués tout à fait inconsciemment par leurs patients tout au long de leur vie[1].

Le perfectionnisme repose le plus souvent sur quelques règles personnelles, toujours les mêmes, que vous apprendrez à dépister afin d'éviter de jouer sans arrêt la même scène.

Ces règles rencontrées le plus fréquemment chez les personnes perfectionnistes sont les suivantes :

- règle 1 : le perfectionnisme de valorisation : « Être parfait pour me sentir valable » ;
- règle 2 : le perfectionnisme d'intégration (ou d'acceptation) : « Être parfait pour me sentir intégré (ou accepté socialement) » ;
- règle 3 : le perfectionnisme de contrôle : « Être parfait pour faire face aux aléas de la vie ».

Essayons d'y voir un peu plus clair.

---

1. Cottraux J, *La Répétition des scénarios de vie*, Paris, Odile Jacob, 2001.

Règle 1 :
« Être parfait pour me sentir valable » :
le perfectionnisme de valorisation

On considère que, pour avoir une certaine valeur, il faut être parfait et que si l'on est parfait on se considérera comme faisant partie des gens de valeur. C'est un perfectionnisme au fond assez narcissique, malgré les apparences. Les personnes ayant ce perfectionnisme ont souvent du mal à en admettre le côté narcissique, puisqu'elles ont aussi le sentiment de douter d'elles. C'est souvent pour compenser ce doute de soi que ces personnes chercheront la performance parfaite, seul moyen à leurs yeux de se percevoir comme des êtres de valeur.

Vous devez être parfait dans tous les actes de votre vie, une fille parfaite, une épouse parfaite, une mère parfaite, une travailleuse parfaite, une consommatrice parfaite, devenir une personne âgée sage et sans rides ! Que penseriez-vous de vous si vous n'étiez pas parfaite ? Cécile répond : « J'aurais un malaise, l'impression désagréable de mal faire, ce que je ne supporte pas chez moi... » Si vous pensez comme Cécile, vous avez peut-être ce que l'on appelle un « perfectionnisme de valorisation ». D'après vous, votre valeur personnelle dépend-elle uniquement de vos actes ?

Audrey, l'éternelle insatisfaite

Audrey, 34 ans, professeur de lettres, n'arrive pas à être fière d'elle. Elle vient me consulter car elle se sent insatisfaite malgré ses réussites nombreuses.

« J'ai tout réussi, mon couple, mes deux enfants, ma profession... Pourtant, je suis très souvent insatisfaite et toujours stressée. Par exemple, je n'ose pas poser une question lors d'une formation sans la ressasser plusieurs fois dans ma tête. Je me demande si elle va être intelligente, ce que vont en penser le conférencier et les autres auditeurs… Après maintes hésitations, je finis par poser la question en me sentant très mal. J'ai le cœur qui tape à 100 à l'heure, la bouche sèche, je me sens quasi liquéfiée, paralysée. Au moment où je pose la fameuse question, je me dis qu'elle est vraiment sans intérêt et que j'aurais mieux fait de me taire… »

Audrey m'indiquera aussi lors de cette consultation, un petit peu gênée : « Enfant, j'étais très timide. À 6 ans, les autres petites filles se moquaient de moi et je n'osais pas leur répondre. » Aujourd'hui encore, Audrey est parfois déstabilisée par une critique pourtant anodine.

Alors qu'Audrey s'occupe parfaitement de sa famille, s'investit dans un travail qui la passionne, il lui arrive fréquemment de vivre des moments de « blues », sans très bien comprendre pourquoi.

Elle s'active, s'active et s'active encore probablement pour fuir cette insatisfaction.

Ni elle ni moi ne comprenons pour l'instant pourquoi Audrey a autant besoin de se valoriser par la réussite. C'est la suite de nos entretiens qui va nous éclairer sur le malaise apparemment incompréhensible de cette jeune femme à qui tout semble réussir.

« Mon père était un universitaire brillant internationalement reconnu. Il m'a toujours poussée, fait sauter des classes, fait apprendre plusieurs langues étrangères en plus de celles que l'on enseigne à l'école. Il me faisait lire des livres beaucoup trop difficiles pour moi… Petite fille, je me disais que je devais réussir pour qu'il soit fier de moi. Je me suis mise à travailler beaucoup à l'école, à lire tout ce qu'il me proposait. Je comprends maintenant que tout cela était fait pour retenir son attention… Actuellement, je pense toujours que je dois faire beaucoup de choses pour qu'on m'aime.

Alors j'en fais, j'en fais, j'en fais encore jusqu'à m'épuiser et me fatiguer et même souvent me désespérer. Et, malgré tout cela, je doute toujours de moi, je manque de confiance. Dès que quelque chose ne réussit pas dans ma vie, je me dis que je ne suis pas à la hauteur. Même pour des broutilles : un plat raté, un cours où les étudiants ne semblent pas intéressés, cela suffit pour que je me remette immédiatement en cause. »

« Ne pas décevoir mon père » est une règle qu'Audrey s'est fixée à elle-même. Audrey conditionne son estime de soi à ses performances probablement depuis son plus jeune âge. On peut résumer le mécanisme de son perfectionnisme de la manière suivante : des exigences familiales élevées amènent cette petite fille à se fixer elle-même des exigences irréalistes. Audrey entre alors dans un stress de performance et ressent de l'insatisfaction quand son résultat est imparfait. Elle doute d'elle-même si elle ne se juge pas à la hauteur. Elle augmente à nouveau ses exigences envers elle-même pour se hisser au niveau qu'elle espérait au départ.

Les personnes perfectionnistes ont souvent un sens aigu de la performance. Elles se fixent la barre très haut en cherchant à donner le meilleur d'elles-mêmes. C'est ce que nous appelons en psychologie des attentes de performance élevées : « J'attends beaucoup de moi. » Il est nécessaire d'avoir des objectifs de performance pour avancer dans la vie mais, si nos objectifs vont au-delà du raisonnable, nous risquons de ne jamais pouvoir les atteindre et de ne jamais être vraiment satisfaits de nous. C'est un des pièges du perfectionnisme. Si vous regardez autour de vous, vous verrez certainement des personnes qui finalement paraissent peut-être un peu moins ambitieuses, se fixent des objectifs moins élevés, ont des attentes de performance plus faibles, mais elles sont plutôt satisfaites.

Cette notion d'attente de performance élevée ou faible est un point extrêmement important pour bien comprendre les mécanismes du perfectionnisme. Nous verrons mieux plus loin, voir « Perfectionnisme et estime de soi » page 72, que c'est l'articulation entre votre estime de soi et vos attentes de performance qui crée ou non un perfectionnisme toxique.

L'objectif de cette règle de vie est la valorisation personnelle par la performance, comme le montre le tableau suivant :

« Je dois être parfait pour me sentir valable »

Règle de vie	Comportements	Émotions
Je dois être parfait pour me considérer comme quelqu'un de valable.	Je suis en permanence en recherche de performance et de défis.	Je ressens de la fatigue, une insatisfaction permanente, du stress.

Cette règle de vie, si elle est trop rigide, peut à long terme entraîner des troubles de l'estime de soi, des dépressions chroniques, certaines anorexies mentales ou un alcoolisme et surtout le stress ou le burn-out dans lesquels la performance est le but ultime.

Règle 2 :
« Être parfait pour me sentir accepté socialement » : le perfectionnisme d'intégration

Il s'agit d'un perfectionnisme d'intégration (ou d'acceptation) : « J'ai toujours peur qu'on m'abandonne. » « J'ai besoin de me sentir aimé. » Avec les autres, vous n'êtes pas naturel. Vous essayez de masquer vos défauts, vos points faibles. D'où votre perfectionnisme excessif.

Vos émotions ne doivent pas transparaître. « Je ne vais quand même pas embêter les autres avec mes problèmes », pensez-vous. Lorsque vous êtes avec des personnes ayant une certaine valeur à vos yeux, vous vous sentez terrorisé à l'idée de dire une bêtise, de paraître maladroit, pire, de passer pour un idiot ou de laisser paraître votre gêne, votre manque de confiance en vous… Ce que les autres pensent de vous est très important. Selon vous, votre valeur personnelle en dépend. C'est ce que l'on appelle l'estime de soi sociale. Pour éviter d'être rejeté, vous allez chercher à paraître parfait en société.

Sandrine, 28 ans, mariée, mère d'un enfant, consulte depuis six mois pour une timidité importante qui l'amène à éviter les autres. Elle restreint sa carrière professionnelle. Elle est très dévalorisée. Tout cela nécessite une psychothérapie qui va lui permettre, à partir du sixième mois de traitement, de mieux comprendre ses problèmes. Au cours d'une séance de thérapie de groupe, il a été convenu avec Sandrine de jouer une scène de sa vie quotidienne qui consiste à s'exprimer devant un groupe de cinq personnes de son travail afin de présenter un projet professionnel. Cette scène est simulée avec le thérapeute et cinq autres patients qui jouent le rôle de ses collègues.

Je demande à Sandrine de faire sa présentation et, pour l'aider à s'améliorer, je lui dis gentiment : « Il me semble que vous parlez un peu trop vite. Vous auriez intérêt à ralentir votre voix. » À cette remarque, Sandrine s'effondre en pleurs. Elle est paralysée et ne peut plus parler. Elle me dit : « Je me sens comme une petite fille sans défense ! »

Cette scène sera reprise au cours de sa thérapie individuelle. « Sur le moment, je me suis écroulée comme une petite fille. J'ai toujours pensé qu'on ne m'aimerait pas si je n'étais pas parfaite. Or en parlant de ma voix trop rapide vous avez mis l'accent sur l'une de mes imperfections. Je me sens toujours dans le doute. Je ne suis jamais sûre de moi, tant au niveau affectif que professionnel. Je me dis alors que je ne m'en sortirai jamais, que je vais perdre mon travail, que je redeviendrai pauvre comme avant. En plus, affectivement, j'ai en permanence besoin d'être aimée. C'est pour cela que j'ai un amant et que par moments je fais tout pour qu'il me quitte afin de vérifier s'il résiste, s'il reste et continue à m'aimer. »

En fait, pour Sandrine, l'amour n'est pas un acquis. Depuis son enfance, elle ressent le besoin de le reconquérir en permanence, tous les jours, et même vis-à-vis de ceux qui pourtant lui vouent un amour inconditionnel. Elle vit au cours de ce jeu de rôle thérapeutique ce qu'elle a vécu tout au long de sa vie dans son enfance avec ses parents, puis plus tard avec son mari, puis avec son amant, son employeur et ses collègues, ceux qui pourraient d'après elle, si elle faisait une erreur au cours d'une réunion, l'abandonner et la rejeter.

Ici le problème n'est pas la valorisation personnelle mais plutôt l'angoisse d'ABANDON. Je fais tout pour ne pas me retrouver en situation d'abandon et de rejet. La règle de vie conditionnelle est : « Si les autres m'aiment (surtout s'ils ont de la valeur à mes yeux), alors c'est que je vaux quelque chose. » Donc, je dois paraître parfaite pour me faire aimer.

Cette règle de vie peut à long terme entraîner des comportements de dépendance affective, d'assujettissement à l'autre et augmenter le manque de confiance en soi[1]. Si vous

---

1. Poudat F.-X., *La Dépendance amoureuse*, Paris, Odile Jacob, 2005.

êtes très dépendant dans vos relations affectives et amoureuses, recherchez si vous ne présentez pas cette règle de vie.

« Je dois être parfait pour me sentir accepté socialement »

Règle de vie	Comportements	Émotions
« Je dois être parfait pour me sentir accepté socialement. »	J'ai un comportement d'approbation (je suis de l'avis des autres, je ne m'oppose pas, je cherche à faire plaisir, à ne pas déranger). J'ai un comportement de perfection dans les relations sociales (je cherche à être admiré et à plaire).	Je ressens de l'angoisse, de l'inquiétude, je déprime dès que j'ai l'impression que quelqu'un me rejette. Je suis hypersensible aux critiques, je doute en permanence de ma place dans le groupe. J'angoisse dès que la personne que j'aime s'éloigne.

Sandrine présente une véritable allergie à l'imperfection. Celle-ci s'est constituée depuis sa petite enfance comme un rhume des foins. Lors des premières expériences infantiles, dès qu'elle ressentait moins l'amour de ses parents, Sandrine cherchait de plus en plus à être parfaite pour se faire aimer davantage. Puis à chaque fois qu'elle a douté de l'amour des autres, elle s'est défendue par un perfectionnisme de plus en plus important pour être sûre d'être aimée. Elle a alors fabriqué des anticorps « anti-imperfection ». Actuellement, lorsqu'on doute de sa perfection, qu'on lui fait une remarque du type : « Sandrine, ton travail, en ce moment, ce n'est pas terrible ! », elle va immédiatement et de manière « allergique » vivre un très grand malaise. Comme les gens souffrant du rhume des foins sont confrontés brutalement au printemps à l'éclosion des pollens pleurent, ont mal à la tête et sont gênés pour respirer.

La thérapie sera une désensibilisation… à l'imperfection ! On va procéder exactement comme on le fait pour désensibiliser les personnes qui souffrent d'allergie, à savoir qu'on va amener le patient, à doses extrêmement progressives et sur une durée assez longue, à provoquer et à affronter des moments où il n'est pas parfait. D'abord tout à fait mineures, sans conséquence pour lui, puis avec des conséquences de plus en plus importantes.

<h2 style="text-align:center">Règle 3 :
« Être parfait pour faire face
aux aléas de la vie » :
le perfectionnisme de contrôle</h2>

C'est le perfectionnisme de contrôle. Vous pensez par exemple que la vie est pleine de dangers et qu'il faut s'en protéger. Il faut tout prévoir, l'imprévu vous effraie, vous avez peur de ne pas pouvoir y faire face. Alors vous essayez de contrôler la vie en faisant tout du mieux possible, en essayant de tout prévoir, tout organiser par vous-même. « Et SI » est votre maxime favorite. Et *s'il* me demande cela, je ne saurai pas répondre *si* je n'ai pas préparé ma réponse. Aussi vous préparez longuement vos interventions au bureau, quitte à recommencer de nombreuses fois jusqu'à ce que cela soit parfait. D'ailleurs, tous vos collègues vous l'ont dit : « C'est parfait comme toujours avec toi. » Mais vous n'êtes pas rassuré pour autant. Et *si* on vous interrogeait sur quelque chose que vous n'auriez pas prévu ? Et *si* vous restiez sans voix ou bredouillant vaguement quelques mots sans intérêt ? « La honte… »

Ces éventualités vous effraient tellement que vous êtes devenu monsieur assurance tout risque. En faisant tout le plus parfaitement possible, vous minimisez certes le risque de vous retrouver désemparé. Vous maintenez votre valeur personnelle à bout de bras avec votre perfectionnisme. Au fond de vous, vous n'en êtes pas si sûr de cette valeur, alors mieux vaut éviter de vous mettre en danger par des actes mal préparés ou imprévus.

C'est ce que j'appelle le perfectionnisme anxieux, de contrôle ou de maîtrise.

Barbara ne laisse aucune place à l'improvisation

Barbara, 37 ans, cadre dans une entreprise : « Mardi dernier, ma supérieure m'a demandé au moment où nous rentrions en réunion : tiens, Barbara, tu pourrais nous dire quelques mots du projet "Miracle" que je t'ai confié la semaine dernière. Je crois que tu as déjà bien potassé le projet et nous serions tous très intéressés de savoir où tu en es ! »

Et Barbara m'indique alors : « J'ai été terrorisée, terrifiée, je me suis demandé immédiatement comment je pourrais éviter cette présentation. Vous comprenez, Docteur, je ne l'avais pas préparée, j'étais sûre que cela se passerait mal. À chaque fois que l'on me demande de présenter quelque chose, j'ai pour habitude de préparer très longuement avec beaucoup de minutie mes interventions, sinon je préfère ne pas prendre la parole de peur que ma prestation soit nulle… En famille, c'est un peu la même chose lorsque nous partons en vacances. Je ne supporte pas les choses qui ne sont pas organisées. J'ai besoin de connaître avec précision les différentes étapes de notre voyage, où nous allons loger, que tout soit bien réservé à l'avance… Avec mes enfants aussi, j'ai besoin de tout maîtriser, de tout contrôler. Lorsque ma fille aînée, Clara, âgée de 15 ans, est invitée par des copines, j'ai besoin de savoir ce qui va se passer exactement dans l'après-midi. Je téléphone à la mère pour vérifier ce qu'elle prévoit et lui demander de bien veiller sur ma fille… D'ailleurs plusieurs mères de mes amies m'ont fait remarquer que je me montrais très anxieuse avec ma fille. La mère d'une amie de ma fille l'a un jour très mal pris. Alors que je lui demandais de me préciser tout ce qu'elle avait prévu, elle m'a répondu : "Mais enfin, vous ne me faites pas confiance ?" Ma fille m'a rapporté ensuite que la mère de son amie avait été très surprise que je me mêle de tout, pourtant ce n'était pas mon intention. C'est mon angoisse qui me pousse à vouloir tout contrôler, tout maîtriser, dans tous les domaines de ma vie. Docteur, c'est épuisant de tout contrôler, pour moi et pour les autres. Pouvez-vous m'aider à être plus cool ? »

Lorsque Barbara s'exprime, elle se croit obligée de maîtriser parfaitement ce qu'elle dit, de ne commettre aucune erreur. Cette nécessité de maîtrise et de contrôle est justifié selon elle par le besoin d'apparaître comme une personne valable. Elle se veut parfaite aux yeux des autres.

« Je dois tout contrôler parfaitement »

Règle de vie	Comportements	Émotions
« Je dois tout contrôler parfaitement. »	J'essaie d'anticiper, de prévoir tous les événements et toute ma vie. Je prépare souvent longuement les choses Je préfère faire le plus possible par moi-même.	Je stresse, j'ai peur de mal faire les choses et de ne pas réussir à tout faire.

Les principales complications de cette règle de vie sont représentées par le trouble anxieux généralisé. Il s'agit de personnes qui ont peur de tout, qui cherchent à tout maîtriser, tout prévoir et qui passent le plus clair de leur temps à anticiper, à organiser des choses. Comme elles font tout, seules, elles sont en général surmenées. Cette complication sera décrite en détail dans le chapitre « Quand le perfectionnisme devient une maladie », page 118.

En guise de conclusion à ce chapitre, rappelons que ce sont vos règles de vie perfectionnistes qui vont influencer vos comportements, vos émotions et vos relations avec les autres.

Autrement dit, vos comportements et votre façon de vous voir ne sont que la partie émergée de l'iceberg, la partie immergée étant représentée par vos règles de vie. Mais celles-ci ne sont que la couche la moins profonde de cette partie immergée. Si vous voulez plonger encore plus profondément dans votre perfectionnisme, il va falloir partir à la recherche d'un sentiment d'infériorité qui s'est constitué le plus souvent dans votre enfance.

CHAPITRE 6

Un préjugé d'infériorité

« J'ai toujours pensé que
j'étais moins bien que les autres »

Si jusqu'à présent vos règles de vie étaient conditionnées à une solution perfectionniste (être parfait pour se sentir valable, intégré et capable de gérer les aléas de la vie), nous allons examiner maintenant une règle de vie qui s'est imposée à vous sans aucune condition. Les cognitivistes appellent cela un schéma cognitif inconditionnel. C'est un jugement sans aucune concession sur soi, une sorte de certitude, en l'occurrence : « Je suis inférieur(e) », qui se constitue très tôt dans l'enfance et qu'il va falloir maintenant aller dénicher et contester.

Ce sentiment d'infériorité intéressa très tôt des psychothérapeutes comme Horney[1] ou Adler[2]. Le sentiment d'infériorité peut être décrit comme la conviction intime et persis-

---

1. Horney K., *Neurosis and Human Growth*, New York, Norton, 1950.
2. Adler A., « The neurotic disposition », *in* H. L. Ansbacher et R. R. Ansbacher (éds), 1956.

tante d'occuper toujours un rang inférieur par rapport aux autres en ce qui concerne le mérite, la valeur personnelle, les capacités intellectuelles et physiques (définition donnée par Adler au début du XXe siècle). Adler s'intéressa tout particulièrement à ce qui peut pousser un être humain à supporter son sentiment d'infériorité. Il a mis l'accent sur une recherche positive du pouvoir et de la perfection pour surmonter un sentiment d'infériorité. Il est même allé jusqu'à imaginer l'existence d'un instinct biologique naturel incitant l'individu à accroître ses compétences et à s'épanouir. Il appelait cet instinct « la lutte pour la supériorité ». La quête de la perfection était considérée comme la motivation légitime d'une personnalité en pleine santé.

Camille, le perfectionnisme comme ascenseur social

Camille, 31 ans, fille unique, consulte pour des troubles anxieux sévères. Elle fait le ménage pendant des heures chez elle. Elle a très peur qu'on la juge mal si ce n'est pas très propre lorsqu'elle reçoit. Elle est très facilement anxieuse face à l'imprévu, elle a besoin de contrôler sa vie. Par ailleurs, les cauchemars la réveillent la nuit. Elle a mal accepté sa grossesse. Elle a pris dix-huit kilos et elle me dit avoir détesté son corps lorsqu'elle était enceinte.

Camille se souvient qu'à l'adolescence elle était un peu boulotte et que ses camarades d'école se moquaient d'elle. Lorsqu'elle a été enceinte, sa « mémoire émotionnelle » l'a replongée dans ce vécu d'adolescente trop grosse et elle comprend mieux maintenant pourquoi elle s'est sentie si mal. Cela lui permet de se déculpabiliser car elle avait peur que ce malaise pendant la grossesse soit synonyme d'un manque d'amour pour son mari ou pour son enfant. En fait, il s'agit bien d'une problématique personnelle.

Il suffit d'ailleurs d'écouter Camille raconter elle-même sa propre enfance pour beaucoup mieux comprendre le lien entre ses manifestations actuelles de perfectionnisme excessif et leurs origines.

Son perfectionnisme se manifeste aussi par une tendance à vouloir toujours être la meilleure, au-dessus des autres. Elle se fixe des règles qu'elle n'applique pas aux autres. « Je dois toujours être parfaite », dit-elle à plusieurs reprises au cours des consultations.

Puis Camille ajoute : « Si je ne suis pas mieux que les autres, on ne va pas m'apprécier. Je me compare tout le temps aux autres. Je préfère être avec des copines que je ne juge pas trop jolies et pas trop cultivées, je me sens plus à l'aise. Dès que je suis avec des femmes que je trouve belles ou intelligentes, je suis complexée, je n'ose plus ouvrir la bouche. Je crois d'ailleurs comprendre en vous expliquant d'où cela vient. C'est comme mon côté boulotte de mon adolescence. On peut retrouver, je pense, les origines de mon perfectionnisme dans mon enfance. Mon père était très simple. J'étais sa fille unique, il comptait beaucoup sur moi et voulait à tout prix m'assurer un avenir heureux. Il m'a inscrite dans un collège privé dans lequel je n'étais entourée que de filles riches issues de familles bourgeoises et très connues de la ville. Je me suis immédiatement sentie extrêmement complexée, très inférieure aux autres. Je n'étais pas de leur milieu. Je me trouvais moche et bête. Le collège a été une épreuve pour moi, un véritable martyre. Je n'étais pas du tout intégrée dans la classe. Je n'étais jamais invitée le mercredi ou le samedi, alors que les autres filles organisaient des fêtes entre elles. Je me suis sentie exclue et me suis dit que pour m'intégrer il fallait que je me montre parfaite. Alors je me suis mise à travailler, à être dans les premières de la classe, à m'habiller de manière très élégante, allant dans les mêmes magasins bourgeois que mes petites copines. Ceci me culpabilisait beaucoup car j'avais l'impression de faire dépenser de l'argent à mes parents qui n'en avaient pas. Mais je me suis dit qu'il fallait que je sois à tout prix à leur niveau, aussi bien qu'elles.

« Depuis, cette idée ne m'a jamais quittée : je dois être parfaite tout le temps bien, belle, intelligente, présentable, si je veux être à la hauteur des autres et ne pas être exclue. Si je ne remplissais pas ces critères, je n'avais pas ma place dans ce collège. Je pense encore comme ça aujourd'hui : si je ne suis pas parfaite, je ne mérite pas d'être parmi les autres.

« Au départ, à cause du milieu simple de mes parents, j'avais l'impression d'être inférieure dans cette société. Et c'était pour lutter contre ce sentiment d'infériorité que j'ai voulu à tout prix être parfaite… Et aussi pour satisfaire mon père et lui faire plaisir, lui montrer que j'étais capable d'accéder à ces milieux aisés. »

L'histoire de Camille est intéressante à plusieurs titres.

Elle présente les manifestations de perfectionnisme que nous avons décrites dans le premier chapitre. Vous avez peut-être repéré ses règles de vie, qui maintiennent son perfectionnisme : « Je dois être parfaite pour être approuvée par les autres et ne pas être rejetée, je dois tout contrôler, maîtriser, ranger, ordonner. »

Ces règles de vie se sont constituées pendant l'enfance et l'adolescence de Camille. Elles viennent compenser un sentiment d'infériorité encore plus ancien transmis par ses parents : « Nous sommes des gens simples et pauvres, nous devons nous hisser dans les milieux favorisés. »

Voici également l'exemple de Paul, un self-made man âgé de 62 ans.

Paul dirige une des plus grosses sociétés de la région. Il a plus de 30 000 salariés, des filiales dans tous les pays du

monde, y compris en Asie. Il me dit : « Enfant, je ne suppor-
tais pas que mon père et ma mère se tuent tous les deux à
l'usine pour aller travailler. » Ses parents travaillaient dans
une usine de soierie de la région lyonnaise. Paul se souvient
de n'avoir pratiquement pas vu son père avoir entendu sa
mère raconter qu'elle l'emmenait dans un couffin à l'usine
parce qu'elle n'avait personne pour le faire garder.

Paul ajoute : « J'ai eu honte de notre société. Qu'elle
soit capable de laisser mes parents dans une telle misère…
Je me suis dit : plus jamais cela. Il ne faut jamais que notre
famille revive cela. Et j'ai décidé de réussir dans la vie et de
ne plus avoir de problèmes financiers. »

Effectivement, Paul s'est construit un véritable empire
financier, mais à l'aube de sa retraite il vient me consulter à
la demande de cardiologues car il a présenté trois infarctus
du myocarde et semble souffrir d'un stress excessif. Les
traitements cardiologiques ayant été effectués, les cardio-
gues ont pensé qu'il fallait essayer de réduire son stress par
une thérapie comportementale. Nous passerons de nombreux
mois avant que Paul accepte de se sentir en sécurité en
psychothérapie.

J'ai été surpris de voir cet homme, un des plus riches
de la région, dans un état d'insécurité permanente. C'était
comme si, du jour au lendemain, il pouvait revivre à nouveau la misère qu'il avait connue enfant. Il n'arrivait pas à
tourner la page et se demandait comment il allait bien pouvoir passer sa retraite.

Cette démarche consistant à reconstituer notre histoire
personnelle est très utilisée en psychothérapie. C'est elle qui
permet d'entrevoir que le perfectionnisme révèle en fait bien
d'autres émotions masquées, tapies dans notre passé et en
particulier ce sentiment très précoce d'infériorité.

Pas de panique toutefois si vous
avez eu un sentiment d'infériorité...

Cela peut être tout à fait normal. Le sentiment d'infériorité, s'il peut être responsable d'un perfectionnisme excessif, se rencontre également dans des populations qui vont bien. C'est d'ailleurs le résultat d'un travail d'une équipe lyonnaise[1] qui a évalué le sentiment d'infériorité à la fois chez des sujets normaux et chez des sujets souffrant de troubles anxieux. On a démontré ainsi que 15 % de la population générale avait ce sentiment d'infériorité. Que les femmes soient ici satisfaites, la parité existe. Les femmes ne se sentent pas plus inférieures que les hommes, et l'inverse n'est pas vrai non plus. Hommes et femmes sont donc à égalité sur ce point. En revanche, c'est l'âge qui fait la différence : le sentiment d'infériorité diminue nettement avec l'âge. Enfin un privilège de vieillir.

En conclusion, c'est donc souvent au cours de notre enfance que se constituent les prémices du perfectionnisme qui se manifestera plus tard dans notre vie par les perturbations que nous avons vues. D'autant que c'est également au cours de notre enfance que se constituent les prémices de notre estime de soi.

Si l'on résume le mécanisme : je me perçois comme inférieur, donc pour m'en sortir je me fixe des exigences élevées (on parle aussi d'attentes de performances élevées) pour me prouver que je ne suis pas inférieur. À partir de là, on a deux cas de figure : soit on dispose d'une forte confiance en soi et on a de fortes chances d'atteindre ses objectifs et de se réaliser, soit on ne dispose pas d'une grande confiance en soi et dans ce cas le perfectionnisme risque de devenir souffrance.

---

1. Yao S. N., Cottraux, J., « Le sentiment d'infériorité entre population normale et anxieuse », *L'Encéphale*, 2002, XXVIII, p. 321-327.

Perfectionnisme
et estime de soi

C'est donc le couplage entre une estime de soi basse et des attentes de performance excessives qui constitue le mélange détonnant du perfectionnisme toxique, comme le montre le tableau ci-dessous.

	Estime de soi basse	Estime de soi haute
Attentes de performance excessives	Perfectionnisme (le performant insatisfait).	Réalisation de soi (le performant satisfait, la réussite).
Attentes de performance raisonnables	Dépréciation de soi (le défaitiste).	Acceptation de soi (le satisfait avec modération).

Examinons de plus près les deux cas de figure selon que votre estime de soi est basse ou haute.

• Premier cas, *votre estime de soi est basse*. Là aussi, deux possibilités :

– Si vos *attentes de performance sont élevées*, vous souffrirez de perfectionnisme toxique. C'est ce que j'appelle « l'estime de soi conditionnée à la performance ». Je m'aime lorsque je suis très performant. Ceci sous-entend que lorsque je ne suis pas parfaitement performant, je ne m'aime pas. Or, nous l'avons vu précédemment, dans la mesure où les perfectionnistes sont très exigeants en termes de résultats, ils sont donc très rarement satisfaits de leurs résultats et passent une grande partie de leur temps à se dévaloriser. Un cercle vicieux s'établit : « Je me fixe des objectifs élevés, voire irréalistes, j'ai des difficultés à les atteindre, je me dis donc que je ne suis pas capable, je me trouve nul. » On voit ici à quel point le fait d'avoir des attentes de performance élevées va nous amener à perdre de plus en plus confiance en nous.

– Si vos *attentes de performance sont basses*, vous vous déprécierez peut-être, mais ne souffrirez pas de perfectionnisme toxique. C'est un autre problème, un manque d'estime de soi qu'il faudra traiter comme tel.

• Deuxième cas, *votre estime de soi est haute*. Il y aura alors deux possibilités selon que vos attentes de performance sont élevées ou basses :

– Si vos *attentes de performance sont élevées mais accessibles*, vous vous réaliserez. Votre perfectionnisme pourra alors être un puissant moteur contribuant à votre réussite.

– Si *vos attentes de performance sont basses*, vous serez dans l'acceptation de soi. C'est la satisfaction sans l'effort douloureux du perfectionniste.

Comprenez bien que, pour être satisfait et dans la réussite, il ne suffit pas de se fixer la barre très haut et des objectifs élevés, il faut aussi avoir une estime de soi assez haute. Le fait de se fixer des objectifs trop élevés, d'avoir une image de soi idéalisée et difficile à atteindre en pratique nous maintient dans le malaise. C'est pourquoi si vous manquez de confiance en vous et si vous êtes trop perfectionniste, il va falloir à la fois améliorer votre estime de vous et diminuer vos attentes de performance.

Cette mécanique du perfectionnisme étant maintenant claire, examinons ensemble les différents facteurs environnementaux qui peuvent influencer le perfectionnisme, qu'il s'agisse de facteurs éducatifs ou sociaux et culturels.

CHAPITRE 7

Un environnement perfectionniste ?

Plusieurs facteurs environnementaux peuvent être à l'origine du perfectionnisme ou contribuer à le maintenir. Ils peuvent se cumuler et intervenir pour certains tout au long de notre vie.

Nous allons voir en détail l'environnement éducatif des perfectionnistes qui a fait l'objet de très nombreuses études, puis l'environnement social et culturel dont le rôle dans le perfectionnisme paraît évident. L'environnement biologique du perfectionnisme, nettement moins étudié, mérite néanmoins lui aussi un peu de réflexion.

L'environnement familial

Certains environnements éducatifs favorisent-ils le perfectionnisme ? Y a-t-il chez les parents des perfectionnistes, dans leurs personnalités, leur histoire, des facteurs les prédisposant à transmettre un perfectionnisme à leurs enfants ?

Les enfants perfectionnistes seraient exposés à des environnements familiaux particuliers qui auraient contribué à la naissance de leur perfectionnisme.

Voici en résumé ce que les psychologues[1] ont découvert sur l'origine des exigences élevées :

- vos parents vous aimaient à la condition que vous vous mesuriez à leurs critères de réussite ;
- l'un de vos parents (ou les deux) avait des exigences personnelles excessives ;
- vos exigences élevées vous permettaient de compenser un sentiment d'imperfection, d'exclusion, une carence affective ou un sentiment d'échec ;
- l'un de vos parents (ou les deux) vous humiliait ou vous critiquait si vous ne répondiez pas à ses attentes démesurées.

La plupart des participants à une étude sur le perfectionnisme[2] ont enregistré des facteurs familiaux importants. Trente participants sur les trente-sept ont indiqué que leur perfectionnisme venait de leurs parents, douze d'entre eux que leur perfectionnisme venait d'eux-mêmes, quatre de leurs grands-parents et quatre de leurs frères et sœurs. (Il était possible de mentionner plusieurs origines ce qui explique le nombre supérieur à trente-sept.)

Les recherches sur les environnements familiaux des personnes souffrant de troubles du comportement alimentaire ont également montré le lien entre le perfectionnisme et les variables de l'environnement familial. Minuchin et coll.[3] ont montré en 1978 que des patientes souffrant de trouble du comportement alimentaire venaient de familles perfectionnistes avec une adhésion rigide aux règles et des exigences élevées.

---

1. Young J. E. et Klosko J. S., « Je réinvente ma vie », Éditions de l'Homme, Paris, 1995.
2. Slaney R. B. et Ashby J. S., « Perfectionnists : study of a criterion group », *Journal of Conseling and Development*, 1996, 74, p. 393-398.
3. Minuchin S., Rosman B. L. et Baker L., *Psychosomatic Families : Anorexia Nervosa in Context,* Cambridge, MA, Harvard I, University Press, 1978.

Des femmes perfectionnistes ont indiqué au cours d'une enquête[1] que leur environnement familial avait comporté beaucoup de conflits, une orientation vers la réussite à tout prix et des règles morales et religieuses très développées. Ces mêmes familles ont par ailleurs été évaluées comme peu cohérentes avec très peu d'expression des émotions.

Ces expériences montrent que, pour mieux comprendre ce qui dans le fonctionnement familial peut favoriser l'émergence d'un perfectionnisme chez l'enfant, il faut se poser deux questions :

– Quels sont les modèles éducatifs qui favoriseraient ce perfectionnisme ?
– Y a-t-il chez les parents eux-mêmes, dans leurs personnalités, leurs histoires, leur filiation, des facteurs les prédisposant à transmettre un perfectionnisme à leurs enfants ?

➤ *Quelle éducation avez-vous reçue ?*

Quatre modèles éducatifs semblent favoriser le développement du perfectionnisme chez l'enfant.

« Je dois faire ce qu'attendent de moi papa et maman » : le modèle des attentes sociales

L'exemple de Chantal va nous permettre de comprendre ce modèle.

« Lorsque j'étais en primaire, j'ai fait un premier trimestre extrêmement satisfaisant, j'étais classée deuxième. Lorsque la maîtresse me l'a annoncé en classe, j'étais fière et

---

1. Brookings J. B. et Wilson J. F., « Personality and the family-environment predictors of self-reported eating attitudes and behaviors », *Journal of Personality Assessment*, 1994, 63, p. 313-326.

extrêmement contente à l'idée de l'annoncer à mes parents. Le soir, ma mère a accepté que je retarde l'heure de mon coucher pour attendre mon père qui était au travail et lui annoncer la bonne nouvelle. Lorsqu'il est arrivé, je lui ai sauté dessus en lui disant : "Papa, j'ai été deuxième à l'école." Mon père m'a regardée et m'a dit : "Pourquoi n'as-tu pas été première ?" » Et Chantal s'effondre en pleurs à l'évocation de ce souvenir. Elle avait gardé l'impression que quels que soient ses efforts elle n'arriverait jamais à répondre aux exigences de son père. Plus grave, l'enfant ne remet pas en cause la parole de ses parents. Au lieu de critiquer son père trop exigeant, Chantal s'est dit à elle-même : « Tu vois, tu n'es pas à la hauteur. Ton père a raison, tu aurais dû être première. » Et elle s'est lancée (pour être première, la seule place appréciée par le père) dans un syndrome de perfectionnisme qui l'a menée, vers la quarantaine, à un trouble obsessionnel grave. Actuellement, Chantal ne supporte pas la moindre erreur, la moindre imperfection. Elle passe des heures à observer son physique dans la glace. Comme elle le dit elle-même : « À choisir je préfère avoir un 20/20 et un 2/20 plutôt que deux notes à 11/20. » Ce à quoi je lui fais remarquer que 20/20 et 02/20 égale 22 et que 11/20 et 11/20 égale aussi 22. Mais pour les personnes qui ont appris dès leur plus jeune âge le perfectionnisme : « Mieux vaut briller une fois avec un 20/20 plutôt qu'être deux fois dans la moyenne avec deux 11. On a au moins répondu une fois au perfectionnisme, alors qu'avec les deux 11, jamais. »

L'exemple de Chantal nous montre à quel point les exigences élevées de son père ne vont pas lui permettre d'apprendre à se satisfaire d'un bon résultat. Elle va enregistrer, dans sa tête d'enfant que, pour que son père soit content, il faut qu'elle soit la première et uniquement à cette place-là.

Selon ce modèle des attentes sociales, les enfants qui ne sont pas capables de répondre aux attentes de leurs parents développent un sentiment chronique de désespoir. Il est le résultat de leur incapacité à remplir les standards imposés par leurs parents.

Il faut nuancer cette attitude des parents. Il semble important de faire la distinction entre des règles parentales centrées sur l'apprentissage ou sur la performance.

Les règles qui sont centrées sur l'apprentissage pour l'amour d'apprendre ne semblent pas entraîner une augmentation du perfectionnisme excessive. En revanche, si les parents se centrent sur la performance sans plaisir, le perfectionnisme aura plus tendance à se développer.

La tendance de certains parents à n'exprimer leur satisfaction que lorsque leurs enfants réussissent à l'école peut développer chez ces enfants une estime de soi conditionnée à la performance. L'enfant va se dire que, pour qu'il soit un bon garçon ou une bonne petite fille et que ses parents soient contents, il faut qu'il réussisse. À l'inverse, s'il échoue, il aura la crainte de ne pas satisfaire ses parents.

Dans ce modèle des attentes sociales, les parents veulent que leurs enfants soient parfaits. Pour autant, les parents ne sont eux pas nécessairement de grands perfectionnistes à la différence des parents du modèle suivant.

« Papa et maman sont mes modèles » : le modèle de l'apprentissage social

Sylvie, 23 ans, étudiante, est extrêmement perfectionniste. Elle arrive à la fin d'une série de concours, complètement exténuée tant elle a travaillé. Lorsque je lui demande pourquoi elle ne prend pas un peu de répit et de repos pour elle, elle me répond : « J'ai toujours l'impression que mes parents ne me le pardonneraient pas. Je me dois de réussir pour être comme eux.

« Mon père est un haut fonctionnaire, il a misé sa vie sur la valeur du travail, ne nous a jamais montré de moments de détente et de plaisir. Tout est axé sur le travail. Il a un souci excessif du détail sans le moindre défaut.

« Ma mère est chef d'agence dans une banque. Toujours impeccablement habillée, elle excelle dans son travail, reçoit parfaitement bien à la maison. Quant à notre éducation (Sylvie a deux frères), elle assure, toujours là quand il le faut. »

Sylvie, en devenant elle-même parfaite, reproduit de manière tout à fait inconsciente le modèle de ses parents. Elle n'a encore jamais envisagé une vie différente de celle de ses parents. Elle est surprise d'apprendre que des personnes peuvent attacher de l'importance à leur travail, tout en ayant d'autres valeurs de vie.

Les enfants qui ont des parents perfectionnistes ont tendance à les imiter. Ces enfants ont une image idéalisée de leurs parents, ils voudraient être plus tard des parents comme eux.

Ce modèle de l'« imitation » des parents par l'enfant a été décrit par Albert Bandura, grand psychologue[1]. Il est encore actuellement l'objet de nombreux travaux. Il a ainsi été montré que plus le perfectionnisme des parents est élevé, plus celui des enfants l'est également[2]. L'imitation du perfectionnisme semble se faire envers les parents du même sexe. Les filles imitant le perfectionnisme de leur mère et les garçons celui de leur père[3].

1. Bandura A., *L'Apprentissage social*, Mardaga, Paris, 1995.
2. Chang E. C., « Perfectionism as a predictor of positive and negative psychological outcomes : examining a mediational model in younger and older adults », *Journal of Counseling Psychology*, 2000, 47, p. 18-26.
3. Vieth A. Z. et Trull J. T., « Family patterns of perfectionnism : an examination of college students and their parents », *Journal of Personality Assessment*, 1999, 72, p. 49-67.

« Je ne dois pas poser de problème à mes parents » :
le modèle de la réaction sociale

Claire ou l'enfance volée. L'enfant, qui protège sa mère…

Je connais Claire depuis plusieurs mois. Elle souffre d'une anxiété sévère qui gêne considérablement sa vie. Elle se lave de manière ritualisée plusieurs heures par jour. Elle lave également les biberons de son bébé dix fois de suite tellement elle a peur de le contaminer. Claire présente ce que l'on appelle des troubles obsessionnels compulsifs (TOC), mais surtout ce qui me frappe lorsque je la vois en consultation, c'est son attitude sage, rangée, parfaite. J'ai l'impression qu'elle garde la plupart de ses problèmes, de ses émotions en elle, comme si elle avait peur de me déranger en m'en parlant. Ce qui est tout de même un comble chez un psy. C'est l'histoire infantile de Claire qui va me permettre de comprendre cette attitude apparemment fermée à sa vie intérieure. Au cours d'une phase de sa thérapie, après que les principales manifestations ont été améliorées, nous abordons son enfance à la recherche d'éléments ayant pu favoriser son trouble obsessionnel compulsif. Je lui demande de m'écrire, chez elle, ses souvenirs d'enfance en n'oubliant pas de préciser à la fois les faits, ce qui s'est passé, mais aussi ce qu'elle a vécu, ce qu'elle a ressenti pendant cette enfance. En voici un extrait : « Ma sœur aînée est partie de la maison, je ne peux pas abandonner maman. Je sais qu'elle est fragile, je dois l'aimer au quotidien et la protéger, ma maman. J'aimerais être fière d'elle et du couple de mes parents… » La mère de Claire souffrait d'un alcoolisme sévère qui l'empêchait de travailler et qui était tout à fait visible par sa fille. Dès l'âge de 14 ans, Claire, désespérée par l'état de sa mère, essaie de lui parler. Celle-ci dénie sa dépendance à l'alcool, refuse d'aborder le problème et refuse de se soigner. Claire vit une adolescence désespérée voyant sa mère se détruire. Cette dépendance à l'alcool mènera sa mère à la mort. Alors que Claire est actuellement âgée de 50 ans, elle reste persuadée qu'elle aurait dû encore faire plus pour sa mère. « J'aurais dû l'amener à se désintoxiquer, à se soigner, ainsi elle ne serait pas morte. » Claire aura beaucoup de peine à comprendre qu'une enfant de 14 ans n'a pas le pouvoir de protéger sa mère autant qu'elle le voudrait. Lors de cette consultation, j'amènerai par un questionnement patient et bienveillant Claire à se rendre compte qu'elle a beaucoup fait pour sa mère. Elle a tenté à plusieurs reprises de parler avec elle. À 14 ans, elle est même allée voir le médecin de sa mère pour lui parler. Le retour a été plutôt négatif, sa mère l'a « engueulée » d'avoir pris l'initiative de cette démarche en disant que ça ne la regardait pas et que tout le village allait le savoir…

Nous verrons dans la quatrième partie, en reprenant le cas de Claire, la technique de reparentage qui permet à cette adulte de 50 ans de revivre des émotions de son enfance et de comprendre qu'elle n'est pas responsable de la mort de sa mère.

Selon ce modèle, on devient perfectionniste lorsqu'on a été exposé, enfant, à un environnement dur, ce qui peut comprendre des abus physiques, psychologiques, des carences affectives, des mises en situation de honte ou un environnement familial chaotique.

Claire illustre ce dernier cas. Sa famille est chaotique. Son père est absent, sa mère trop malade pour s'occuper d'elle. On peut supposer que Claire a aussi une certaine forme de carence affective.

Dans ce modèle, le perfectionnisme serait une réponse à l'adversité et un mécanisme d'adaptation à un environnement hostile. Cette adaptation peut se faire de différentes façons :

- L'enfant peut devenir perfectionniste en espérant échapper ainsi aux abus parentaux, à la honte et à l'humiliation. Il se dirait alors : « Si je suis parfait, personne ne me fera du mal. »
- L'enfant peut devenir perfectionniste afin de tenter de contrôler et de prédire un environnement imprévisible. C'est tout à fait le cas de Claire, obligée de gérer la maison toute seule et ne sachant pas ce qu'elle va devenir.
- L'enfant éduqué dans un milieu toxique peut aussi vouloir protéger des parents fragiles en adoptant un comportement d'enfant sans problème. Dans ce cas son enfance lui est volée, il se retrouve dans une position d'adulte.

Plusieurs études ont montré que le perfectionnisme était une réaction pour faire face à un environnement hostile en particulier en cas de sévices corporels. Certaines de ces études effectuées chez des patientes souffrant d'anorexie mentale montrent que celles d'entre elles qui avaient subi des abus sexuels dans leur enfance avaient un niveau de perfectionnisme nettement plus élevé que des patientes anorexiques mentales n'ayant pas vécu d'abus sexuel dans leur enfance[1]. La même démonstration a été faite dans une autre étude chez des patientes présentant des boulimies graves[2].

1. Zlotnick C., Hohlstein L. A, Shea M. T., Pearlstein T., Recupero P. et Bidadi K., « The relationship between sexual abuse and eating pathology », *International Journal of Eating Disorders,* 1996, 20, p. 129-134.
2. Kaner A., Bulik C. M. et Sullivan P. F., « Abuse in adult relationships of bulimie women », *Journal of Interpersonal Violence,* 1993, 8, p. 52-63.

Tous les abus physiques peuvent entraîner un perfectionnisme[1]. D'autres études se sont intéressées à la perception de la rudesse éducative que les perfectionnistes avaient eue dans leur enfance[2]. Une éducation rude de la part de la mère est associée à un perfectionnisme chez sa fille. Une éducation rude de la part du père est également associée à un perfectionnisme chez sa fille. Les filles semblent réagir sur un mode perfectionniste dès qu'elles perçoivent des attentes hostiles de la part de leurs parents, elles font tout pour minimiser leurs erreurs et deviennent donc de plus en plus perfectionnistes pour ne pas attirer l'attention de leurs parents.

Mais on rencontre également souvent un autre cas de figure. Le perfectionnisme est là encore une réaction de l'enfant, non pas à un milieu parental hostile ou toxique, mais plutôt à un milieu parental avec des parents tout à fait bons pour leurs enfants. Les parents peuvent être défavorisés socialement, comme dans l'exemple de Paul, ou en difficultés pour s'occuper de leur enfant comme dans l'exemple de Manon. Dans les deux cas, l'enfant va devenir perfectionniste afin de protéger ses parents qu'il perçoit en difficultés.

Paul, autodidacte, âgé de 62 ans a fait une brillante carrière professionnelle. Nous avons vu son histoire dans le chapitre précédent sur le thème du préjugé d'infériorité.

Manon a, un peu comme Claire, adopté une attitude protectrice envers sa famille. Elle a essayé d'être une petite fille modèle pour ne poser aucun problème à ses parents qui en avaient déjà beaucoup. En effet, Manon est la deuxième d'une fratrie de trois. Sa sœur aînée est décédée à sept ans

---

1. Schaaf K. K. et McCanne T. R., « Childhood Abuse, Body Image Disturbance, and Eating Disorders », *Child Abuse and Neglect*, 1994, 18, p. 607-615.
2. Frost R. O., Lahart C. et Rosenblate R., « The development of perfectionism : a study of daughters and their parents », *Cognitive Therapy and Research*, 1991, 15, p. 469-489.

d'une maladie génétique. La petite sœur de Manon est atteinte de la même maladie. Actuellement âgée de 20 ans, elle est dans un état sérieux qui nécessite des hospitalisations très fréquentes et des soins permanents. La mère de Manon a dû arrêter son travail pour s'occuper de sa petite sœur.

« Vous comprenez, Docteur, je suis la seule à ne pas avoir la maladie. Ma mère n'a jamais eu vraiment le temps de s'occuper de moi, accaparée par les soins de mes deux sœurs. Je me suis dit toute petite qu'il fallait que je ne pose aucun problème à mes parents. Je suis devenue très tôt très perfectionniste en voulant parfaitement bien travailler à l'école. Je voulais à tout prix éviter la moindre mauvaise note ou la moindre remarque négative d'un de mes professeurs pour ne pas inquiéter mes parents… De plus, je me suis dit que, lorsque mes parents allaient disparaître, si ma deuxième sœur était toujours en vie, je devrais m'occuper d'elle. Il fallait donc que j'aie un bon métier très vite. Je n'avais pas le droit à l'échec… » Manon est effectivement très perfectionniste, ce qui lui a permis de réussir des études brillantes et d'avoir un bon métier (elle est ingénieur dans le domaine de l'environnement), mais ce qui lui a aussi procuré une souffrance intense. Elle a passé toute sa jeunesse à travailler, n'a pas eu de copines et n'a pas pu faire de rencontres affectives. Elle se rend compte qu'elle est en train de passer un peu à côté de sa vie et vient me consulter pour mieux équilibrer ses différents investissements.

« J'ai été trop couvée par mes parents » :
le modèle de l'éducation anxieuse

Dans ce modèle, les parents sont très anxieux. Ils pensent que, pour réussir dans la vie, leur enfant doit tout réussir parfaitement, sinon il ne sera pas intégré dans la société.

Amélie, le faux pas interdit ou une éducation étouffante ou trop couvée…

Amélie est une jeune fille de 15 ans qui est déjà très perfectionniste. Elle met des heures à se préparer, à se coiffer, à s'habiller. Ce qui à l'adolescence est normal mais dans son cas particulièrement marqué. Elle est toujours dans les deux ou trois premières à l'école. Mais elle vient se plaindre auprès de moi car elle trouve que ses parents, en particulier sa mère, la couvent trop. « Vous comprenez je ne peux jamais sortir comme les jeunes filles de ma classe. Je n'ai jamais droit à rien. Ma mère est toujours inquiète de tout. Elle me dit que je vais me faire agresser dans la rue, qu'on ne sait jamais sur qui on tombe, que la vie est dangereuse et que si je tombe sur un garçon pas sérieux, je le paierai toute ma vie. Elle va sans arrêt voir mes professeurs à l'école pour leur demander si je suis assez brillante. » Elle ajoute en souriant : « D'ailleurs, la dernière fois, mon professeur principal lui a dit : "Écoutez, madame, votre fille a de très bons résultats scolaires, je crois qu'il n'y a aucune raison de vous inquiéter, en revanche il me semble qu'elle n'a pas assez de petites copines et qu'elle aurait besoin de s'intégrer un peu plus socialement." » Amélie m'explique qu'effectivement sa mère est tellement anxieuse qu'elle l'empêche de tout faire. Amélie en est malheureuse et est en train de se déconnecter des autres élèves de sa classe. « Seuls les résultats scolaires comptent pour ma mère », me dit-elle. Selon elle, dans la vie il y a ceux qui réussissent parfaitement et les autres qui sont des ratés. Amélie a eu la chance de consulter jeune, adolescente, ce qui l'a aidée à prendre du recul et à éviter de devenir perfectionniste.

Des études sur ce sujet montrent que l'éducation anxieuse est un trait commun à une grande variété de troubles anxieux comme les phobies sociales, l'anxiété de séparation et l'anxiété généralisée. Des adolescents perfectionnistes disent avoir eu des parents particulièrement inquiets lorsqu'ils faisaient une erreur[1]. Le même résultat a été retrouvé chez des étudiants. Plus ces étudiants évaluaient leurs parents comme anxieux, plus ils étaient devenus perfectionnistes[2].

Aimez chaleureusement vos enfants

Montrer votre affection à vos enfants en étant chaleureux et tendre leur évitera le perfectionnisme toxique et leur permettra de mieux réussir. C'est ce que démontrent certaines recherches, contrairement à une idée véhiculée depuis des décennies d'« éducation à la dure ».

Importante et même centrale, quel que soit le modèle éducatif, une bonne chaleur affective exprimée par les parents permet d'éviter le perfectionnisme toxique même lorsque l'enfant est soumis à des exigences trop élevées.

Deux dimensions paraissent en effet nécessaires pour entraîner un perfectionnisme toxique chez l'enfant :

- des attentes parentales trop élevées comme nous l'avons vu,
- un manque de chaleur affective des parents.

Le perfectionnisme se développe essentiellement dans les familles où les parents manquent de chaleur affective avec leurs enfants surtout s'ils les critiquent fréquemment.

On peut résumer, pour simplifier ces données, en disant que les attentes parentales élevées semblent être un élément important dans le développement futur du perfectionnisme chez l'enfant. Mais cet élément n'est pas le seul. S'il

---

1. Gruner K., Muris P. et Merckeldach H., « The relationship between anxious rearing behaviors and anxiety disorders symptomatology in normal children », *Journal of Behavior Therapy and Experimental Psychiatry*, 1999, 30, p. 27-35.
2. Flett G. L., Sherry S. B. et Hewitt P. L., *Perfectionism, Parental Punitiveness, and Anxious Parental Rearing*, 2001, non publié.

s'accompagne d'une bonne chaleur affective et de bonnes gratifications de l'enfant il ne sera pas suffisant à lui seul pour entraîner un perfectionnisme. En revanche, si ces attentes parentales élevées s'accompagnent de critiques parentales fréquentes et d'un manque de chaleur affective, alors on aura tous les ingrédients faisant prendre à l'enfant le risque de développer un perfectionnisme excessif. Autrement dit, aimez vos enfants et montrez-leur que vous les aimez !

➤ *Et la filiation ?*

Vos parents ont eux aussi grandi dans un environnement qui les a marqués. Ont-ils reçu une éducation qui les a poussés à devenir eux-mêmes exigeants envers leurs enfants (c'est-à-dire vous) ? Ont-ils eux-mêmes hérité de tendances perfectionnistes ? C'est un cas fréquent, pour des raisons qui remontent parfois même à la génération précédente. Souvent vos grands-parents ont ainsi peut-être eu pour but de sortir de situations précaires et pour objectif de vie de réussir. À l'époque, c'était plus fréquemment indispensable dans nos sociétés. Souvenons-nous, il y a deux générations, la protection sociale n'existait pas, les congés payés non plus. L'objectif essentiel était de s'alimenter et de se chauffer.

Les exigences étaient fortes. Il était possible de perdre son emploi à cause de la moindre erreur. Ce sont souvent vos grands-parents qui ont vécu dans ce système. Ils l'ont donc transmis à vos parents dès leur plus jeune âge qui vous l'ont retransmis à leur tour.

Dans ce cas, vos échecs angoissent terriblement vos parents. Ils gardent la peur de la précarité qu'ils ont vécue et la crainte que vous retombiez dans cette précarité. C'est pour vous éviter cela que, selon eux, votre réussite scolaire est pratiquement vitale. Ils sont obsédés par votre carnet scolaire, vous récompensent à toute réussite ou tout bon résultat. Lorsque vous avez des moments de faiblesse, ils peuvent avoir deux attitudes : les réprimer gravement ou ne pas en parler.

D'autres éléments que la précarité sociale peuvent se transmettre de génération en génération et être à l'origine d'un perfectionnisme : par exemple, des événements graves comme des maladies génétiques, une discrimination raciale ou sociale...

Le perfectionnisme, grâce à la performance qu'il permet d'atteindre, peut aider à sortir d'une filiation traumatisée. C'est peut-être là un de ses très bons côtés.

Un monde parfait ?

Tout au long de notre vie, nous sommes sans arrêt confrontés à des messages qui nous disent : « Continue, tu dois être parfait(e) dans tous les domaines, ton travail, ta vie de couple, ta vie amicale, ton attitude avec tes parents... »

Voyons maintenant ce que l'on peut appeler les renforçateurs sociaux que nous allons rencontrer en grandissant.

➤ *Une vie sous influence :*
la pression sociale

Nous sommes soumis, dès notre plus jeune âge, à des messages sociaux qui renforcent le perfectionnisme.

Il y a des interactions permanentes entre les facteurs sociaux et les facteurs psychologiques. Si nous avons une personnalité perfectionniste, nous aurons tendance à voir dans les messages sociaux ceux qui sont les plus perfectionnistes. Nous allons alors intégrer ces messages, ce qui ne fera que renforcer notre perfectionnisme. Il semble même que chez certains une forte dose de messages perfectionnistes fréquemment répétés puisse créer un perfectionnisme toxique (exemple de Julien, le médecin, page 92).

Le tout-petit : l'amour inconditionnel

Un bébé reçoit l'amour de sa mère de manière inconditionnelle. On aime le bébé et le petit enfant de toute façon, quoi qu'il fasse, quoi qu'il dise. Personne ne lui demande de comptes. « L'amour au mérite » n'existe pas encore. Mais l'amour au conditionnel peut parfois s'immiscer très tôt.

Isabelle, 32 ans, vient d'avoir son premier enfant il y a un peu plus d'une année. Isabelle a reçu elle-même une éducation très perfectionniste et est en grande souffrance avec ceci. Elle est par ailleurs, comme beaucoup de jeunes femmes, très sensible aux messages sociaux et publicitaires vantant le corps parfait. La question de son poids est devenue une obsession pour elle.

Elle arrive en consultation très culpabilisée, consciente qu'elle est en train de transmettre à son bébé (en particulier au cours de l'alimentation de celui-ci) les normes perfectionnistes qui lui ont été transmises. Elle tient à me parler de ses difficultés à contenir ses nerfs lorsque son bébé refuse la cuillère et recrache le petit pot en éclaboussant la tenue propre de sa mère ainsi qu'une partie de la cuisine. Le bébé hilare, en faisant « bru bru… », s'amuse de ce jeu mais sa mère, elle, entre dans des colères folles, crie, tape sur la table (pour éviter de taper sur sa petite fille)… et arrive totalement culpabilisée par ces événements à mon cabinet.

Il faut expliquer qu'Isabelle avait souffert d'anorexie mentale au cours de son adolescence. Elle a guéri ce problème sur le plan alimentaire. Elle mange normalement, elle a un poids normal et a à nouveau ses règles chaque mois.

Mais, sur le plan psychologique, Isabelle n'est pas guérie. Elle a gardé des comportements psychologiques liés à l'anorexie mentale qu'elle présentait à l'adolescence et en particulier un perfectionnisme tout à fait excessif. Isabelle est une femme brillante dans tous les domaines. Elle ne supporte pas la moindre imperfection, ni pour elle ni pour ceux qui l'entourent et en particulier son bébé.

Ce bébé est venu tardivement. Isabelle a mis beaucoup de temps à trouver un homme qui paraissait suffisamment parfait à ses yeux, pour devenir un bon père et respecter les règles de perfection établies par Isabelle. Selon elle, son bébé doit manger à telle heure alors qu'il n'est âgé que de 16 mois. Il doit manger très proprement, sans salir la cuisine et sans du tout en mettre à côté.

On remarque le caractère irréaliste des exigences d'Isabelle envers son bébé et comment, dès le plus jeune âge, une mère perfectionniste voulant trop bien faire peut déclencher une attitude de perfectionnisme chez un enfant. En effet, Isabelle m'explique que sa petite fille a effectivement vite compris que, lorsqu'elle recrachait sa soupe afin de s'amuser avec sa mère, cette dernière se mettait dans une colère et une rage folles. Ainsi, pour ne pas énerver sa mère, la petite fille est devenue sage. Elle avale sans rien dire la cuillère que sa mère lui donne. Mais Isabelle ajoute : « Vous comprenez, maintenant elle est totalement triste. Elle est propre en mangeant mais le repas n'est plus un jeu entre elle et moi comme c'était avant. »

Du bébé à l'enfant : l'amour au conditionnel

Malheureusement pour nous tous, nous allons grandir dans une société qui très vite au cours de notre scolarité nous met en compétition. Nous devrons alors mériter l'amour des autres. Il nous faudra avoir de bonnes notes, bien nous tenir à table lorsque nos parents recevront des amis… c'est l'amour au conditionnel.

Bien sûr, ces règles sociales de politesse sont indispensables pour l'enfant. Il n'en est pas moins vrai que celui-ci va très vite apprendre que, pour recevoir de l'amour de ses parents, il lui faut se mettre dans les conditions de l'enfant parfait : sage, gentil, qui travaille bien à l'école, qui ne dérange personne.

L'enfant est déjà conditionné à l'idée qu'il doit plaire à ses parents pour être aimé : c'est l'amour au conditionnel. En quelques années, l'enfant aura compris que, pour être tranquille et ne pas énerver ses parents, il faut bien travailler, respecter les ordres et les règles des parents et des professeurs. Il obtiendra ainsi la paix… mais aura déjà développé des schémas perfectionnistes dans lesquels il va se faire piéger.

L'adolescent : de plus en plus d'exigences !

Adolescent, nous allons reprendre et intégrer à notre compte les idéaux perfectionnistes qui nous auront été transmis par notre éducation et plus largement par la société.

Il n'est plus question ici de bien manger pour faire plaisir à maman et de ne pas la déranger, mais en revanche il est question, en particulier pour les jeunes filles, d'avoir un corps svelte, esthétique et répondre aux normes imposées par nos sociétés modernes. L'idéal du corps féminin véhiculé par les sociétés occidentales, qui correspond médicalement le plus souvent à celui d'une anorexie mentale, va guider les conduites perfectionnistes de la plupart de nos jeunes filles.

Ce thème du perfectionnisme s'infiltre dans notre vie intime. Avec ce culte du corps parfait il alimente notre besoin de reconnaissance par les autres. Ce n'est qu'un des

nombreux domaines dans lesquels s'insère le perfectionnisme. Nous l'avons vu précédemment et nous le verrons
plus loin, il y a beaucoup d'autres domaines dans lesquels
un perfectionnisme excessif nous envahit : le travail, les
relations professionnelles, mais aussi amicales et même parfois affectives. Le comportement alimentaire est choisi ici
comme exemple afin d'illustrer le caractère permanent de
messages perfectionnistes tout au long de notre vie.

Nous sommes là sous l'influence extrêmement puis-
sante des facteurs culturels dans une société perfectionniste
qui guide nos règles de fonctionnement à une période où on
a besoin de se raccrocher à des modèles pour se faire une
identité.

Alors n'aurions-nous pas intérêt à rendre nos règles
sociales un petit peu moins perfectionnistes, en particulier
pour les adolescents, afin de leur permettre d'accepter toutes
leurs ambivalences, ambiguïtés, variations pondérales et
d'humeur, comme des choses normales faisant partie de leur
développement et contre lesquelles il ne faut pas trop lutter ?
N'aurions-nous pas intérêt à apprendre à ces jeunes adoles-
centes et adolescents à s'accepter avec leurs points faibles,
leurs points forts, leurs qualités, leurs défauts, leurs variations de poids, leurs variations d'humeur et d'irritabilité sans
en faire des drames chaque fois, ni sous-entendre qu'ils
seront dans l'incapacité de s'adapter socialement s'ils ne
sont pas dans ces normes.

L'adulte : le monde intransigeant de la compétition ?

Julien, la course sans fin.

Julien, médecin, âgé de 42 ans, consulte pour un stress
excessif. Il a passé sa vie à travailler afin de mener la car-

rière universitaire qu'il souhaitait et devenir professeur de médecine. Il a réussi au prix d'exigences très élevées qui l'ont conduit aujourd'hui à une dépression d'épuisement. Julien illustre le schéma perfectionniste au début de l'âge adulte. Il s'agit ici de l'exemple d'un étudiant, mais que l'on retrouve de façon similaire chez beaucoup de jeunes adultes qui entrent dans le monde du travail.

La psychothérapie de Julien va nous montrer qu'il a reçu une éducation tout à fait correcte dans laquelle nous ne relèverons aucun élément ayant pu dès son plus jeune âge entraîner chez lui des exigences élevées. Mais comme Julien me l'explique : « Vous comprenez, j'ai toujours vécu dans un monde de compétition. J'ai toujours voulu être médecin et, dès le plus âge, on m'a expliqué qu'il fallait que je sois dans les premiers de la classe. À l'école, déjà, même lorsque mes notes étaient excellentes et que j'étais dans les premiers de la classe, les professeurs me mettaient comme annotation "peut mieux faire[1]". Chaque fois, je travaillais encore plus pour essayer de faire mieux. Chaque fois j'améliorais mes notes et, chaque fois, les mêmes annotations sur mes bulletins scolaires revenaient : peut mieux faire. Plus grand, je me suis demandé où ce mieux pouvait bien s'arrêter ? Jusqu'où fallait-il que j'aille pour faire encore mieux ? Après la troisième, on m'a orienté vers une seconde scientifique en me disant qu'il fallait que j'aie le bac scientifique avec mention bien si je voulais avoir des chances de réussir ma première année de médecine. (C'est effectivement le cas compte tenu de la sélection extrême au concours de médecine à l'époque où Julien l'a passé.) J'ai donc beaucoup travaillé mon bac, plus que mes copains qui eux sortaient et prenaient du plaisir. Ensuite, ce fut la première année de

---

1. Pleux D., *Peut mieux faire, op. cit.*

médecine durant laquelle je n'ai fait que travailler. Dans les groupes de préparation au concours, on nous poussait toujours à faire mieux, encore mieux. À l'époque, c'était indispensable si je voulais être médecin. En deuxième année, j'ai cru que le répit était enfin possible. Mais on m'a très vite fait miroiter que je devais être interne si je voulais faire de la très belle médecine. Le concours d'internat a été lui aussi très sélectif et j'ai dû encore lui sacrifier deux ans de ma vie à ne faire que travailler. Lorsque j'ai été nommé interne, il a fallu que je sois dans les premiers pour choisir les meilleurs stages, puis ce fut la même chose comme chef de clinique et je ne vous raconte pas la suite vous la connaissez. »

L'histoire de Julien m'a intéressé car elle montre que les pressions excessives ne sont pas toujours exercées par votre environnement parental précoce, elles peuvent l'être par vos pairs avec lesquels vous vous retrouvez en compétition en milieu scolaire et ensuite dans le monde du travail où, là encore, il faudra que vous soyez le meilleur.

Ainsi, même sans avoir été un enfant perfectionniste, vous pouvez comme Julien le devenir à l'âge adulte. Souvent bien sûr les deux types de facteurs se renforcent. On est d'autant plus sensible aux messages perfectionnistes que l'on a eu une éducation perfectionniste. Mais nous sommes tous exposés en permanence dans notre vie quotidienne à ce type de messages.

Il me semble que les exigences élevées sont retransmises dans notre société par de très nombreuses courroies de transmission. Qu'il s'agisse des parents mais aussi des enseignants et du monde du travail. Les origines familiales du perfectionnisme sont donc bien souvent complétées par des facteurs culturels et sociaux.

Tout cela ressemble à une sorte de propagande sociale implantée dans notre inconscient que nous suivons sans plus nous poser de questions.

➤ *La propagande perfectionniste*

Quels sont les moyens utilisés par notre société pour continuer à nous inculquer des normes perfectionnistes ? Nous baignons en permanence dans un bain culturel qui renforce notre perfectionnisme.

La publicité ou comment faire pour rester imparfait ?

L'ère de l'image a fourni à notre société un extraordinaire outil pour véhiculer les normes perfectionnistes.

J'aimerais que vous réfléchissiez quelques instants aux dix dernières publicités que vous avez vues à la télévision, sur les affiches dans la rue ou dans des revues. Pourriez-vous m'indiquer à quel moment dans ces dix publicités, vous avez vu respecter les valeurs personnelles d'acceptation de soi et de ses propres limites ? N'êtes-vous pas comme moi envahi par ces images de perfection dont l'objectif est de susciter l'envie, de vous complexer, de vous stresser afin de mieux vous faire consommer ? Très prosaïquement, le message véhiculé est : « Pour être quelqu'un de bien, il faut ressembler au mannequin de l'affiche ou à votre idole. »

Chauves, groupons-nous ! Fabien Barthez, en 1998, à la coupe du monde de football, m'a permis de retrouver un conformisme certes non recherché de ma part mais réconfortant. Dégarni depuis l'âge de 20 ans, chauve depuis la quarantaine, j'étais resté insensible aux messages « avant-après » à la « Capilaucul » (pour 1 000 euros, réglables en trois fois sans frais, retrouvez votre tête de 20 ans et soyez enfin séduisant). Et puis quoi encore ! Vous m'expliquez avec votre pub que je ne suis pas séduisant ? Par chance, mon estime de soi était suffisamment solide. Ce type de publicité aurait pu, sinon me convaincre de passer à l'acte, au moins sacrément complexer le jeune homme que j'étais. Seulement, voilà, d'une part ma calvitie ne me perturbait pas outre mesure, malgré les discrètes remarques de mon entourage : « Tu sais, aujourd'hui, on fait des implants incroyables… » Il est vrai je n'avais pas le look parfait pour les magazines masculins. D'autre part hormis une fâcheuse tendance à m'enrhumer l'hiver si je ne porte pas de chapeau, la calvitie ne me gêne pas. Est-ce mon droit ? Avec toutes ces publicités sur les beaux cheveux, il a été difficile pour les chauves de se sentir bien dans leur peau. Jusqu'à ce que Fabien Barthez se fasse raser la tête pour la victoire de la France. Merci Fabien, je peux enfin exposer librement ma calvitie. Je suis, sans le chercher ni le désirer, devenu à la mode et, cela, sans rien dépenser… Toutefois, je te préviens, Fabien, si tu relances la mode des cheveux longs, je ne te suivrai pas, je resterai chauve et bien… dans ma tête.

Mais quelle force de caractère et quelle affirmation de moi ai-je dû déployer pour ne pas me soumettre au diktat de la chevelure abondante, seul moyen, semblait-il, d'être un homme séduisant ! Résister n'a pas été si facile. Difficile de ne pas tomber dans la recherche de l'image parfaite qu'on nous présente. Alors, oui, je vous le recommande, ne vous laissez pas faire, acceptez-vous et au besoin regroupez-vous contre l'excès de conformisme qui envahit nos sociétés prétendument modernes. Le vrai modernisme est peut-être plus dans la tolérance de soi et des autres tels qu'ils sont.

Le mythe du corps parfait

Ma position sur la chirurgie esthétique est assez nuancée et réservée. Tout d'abord, j'aimerais donner aux lecteurs quelques précisions, car l'information à ce sujet, dont on parle certes beaucoup, semble manquer.

Quelle est la différence entre ce que l'on appelle la chirurgie esthétique et la chirurgie réparatrice ? La chirurgie esthétique est une demande faite par un patient pour corriger ce qu'il considère comme un défaut physique gênant pour lui et qu'il voudrait voir modifier. Le patient consulte alors un chirurgien esthétique auquel il exprime sa demande.

La chirurgie réparatrice est un tout autre domaine. Il s'agit de patients qui ont eu, à la suite d'accidents, de maladies ou qui, de manière congénitale, présentent des anomalies physiques graves. Ces personnes sont dévisagées, ont perdu un membre ou présentent une anomalie physique sévère par exemple. La chirurgie réparatrice répare des corps mutilés. Ces interventions sont faites sur prescription médicale et sont remboursées par la Sécurité sociale.

Est-ce la même chose de réparer un corps mutilé ou de modifier le corps que l'on a reçu ? La chirurgie réparatrice relève du domaine du soin. La chirurgie esthétique du domaine... du développement personnel.

Beaucoup de personnes qui font des demandes de chirurgie esthétique expliquent qu'il ne s'agit pas uniquement de confort et qu'elles souffrent considérablement de leur vilain nez, de leurs vilains seins, ou de leur culotte de cheval... Certes, j'ai pu constater moi-même au cours de mes consultations que beaucoup de personnes souffraient terriblement de leur apparence physique qu'elles jugeaient tout à fait inacceptable, laide et hideuse. Certains de mes patients sont même considérablement traumatisés par un défaut physique. Ils ne voient plus leur corps qu'à travers celui-ci, deviennent totalement obsessionnels. Ils ont tendance à perdre toute confiance en eux, toute estime de soi, tant ce défaut leur paraît insupportable et à modifier de toute urgence. Certains d'entre eux se font opérer et ont dans un premier temps l'impression que leur vie est transformée, qu'ils sont enfin comme ils ont toujours rêvé d'être, avec le visage ou les seins qu'ils avaient imaginés.

C'est ici que ma position devient franchement réservée. Car si cette description de l'effet bénéfique de la chirurgie esthétique est réelle pour certaines personnes, en revanche, pour d'autres, cette fixation sur un défaut physique reflète surtout un grand manque de confiance en soi. Lorsqu'on les revoit quelques mois ou années après l'intervention, ils se sentent à nouveau mal dans leur peau, ayant en général déplacé leurs angoisses et leurs complexes sur une autre partie de leur corps ou sur un complexe intellectuel.

Dans ces cas-là, il me paraît indispensable avant d'accepter des interventions esthétiques que ces personnes soient vues par un médecin psychiatre afin d'évaluer avec lui si ce défaut physique n'est pas représentatif d'un trouble de l'estime soi. Si c'est le cas, il faut soigner le manque de confiance en soi avant d'opérer. C'est dans la majorité des cas efficace et j'ai constaté à de nombreuses reprises, au cours de mes consultations, que ces patients qui venaient avec un complexe physique énorme avaient, après une thérapie sérieuse, repris confiance en eux et abandonné leur demande de chirurgie esthétique qui n'avait plus lieu d'être. Chez eux, une intervention esthétique aurait pu s'avérer catastrophique.

En conclusion, comme souvent en psychologie, la nuance est importante en ce qui concerne la chirurgie esthétique. On ne peut être ni pour ni contre. Ni totalement pour ni totalement contre. La position est à examiner au cas par cas. C'est pourquoi un avis psychiatrique devrait précéder à mon sens toute chirurgie esthétique, ce qui n'est malheureusement pas le cas actuellement en France. Cet avis permettrait de dépister les troubles liés à l'estime de soi et d'éviter des gestes à la fois inutiles, abusifs, coûteux et parfois même dangereux, comme j'en ai eu malheureusement le témoignage au cours de mes consultations.

Le raisonnement en ce qui concerne le vieillissement du corps est assez proche. C'est un fait, notre corps vieillit et la vie est une série de renoncements. Renoncement à un corps jeune avec l'apparition des rides, l'affaissement de certaines zones. Renoncement à un corps sans douleurs avec l'apparition des rhumatismes. Renoncement à une mémoire sans faille avec l'apparition des trous de mémoire... Faut-il et peut-on éviter cela ? Sans entrer dans un débat qui nécessiterait de longs développements, je souhaite préciser que les perfectionnistes ont souvent plus de mal que les autres à accepter de vieillir. Si vous avez du mal à accepter votre vieillissement, vous n'êtes pas à coup sûr perfectionniste, mais demandez-vous si cette non-acceptation n'est pas liée en partie à votre perfectionnisme.

Il peut être utile pour les perfectionnistes de ralentir le vieillissement. Ils se sentiront mieux dans leur peau. Tant qu'il s'agit de moyens réversibles (crèmes, gélules, massages...) et sans danger, je n'y vois aucun inconvénient, surtout si cela permet de se sentir mieux dans sa peau. Je mettrais toutefois deux bémols.

D'abord, je vous mets en garde contre l'utilisation de moyens irréversibles comme la chirurgie esthétique, il est de plus en plus difficile au fil des interventions de revenir en arrière. Par exemple, le nombre de liftings est limité. Une chirurgie ratée des seins peut être très difficile à reprendre. Pour une chirurgie du visage, c'est encore pire, on voit parfois lors des reprises chirurgicales après un échec une série de catastrophes se développer avec des personnes qui par exemple ne pourront plus jamais fermer leurs paupières et nécessiteront la prescription quotidienne de gouttes oculaires. La chirurgie n'est pas sans danger et même si les médias et la publicité nous montrent les cas réussis, il est important que les médecins et les chirurgiens témoignent des échecs afin que chacun soit bien prévenu avant l'intervention.

Le second bémol est que la course au jeunisme permanent est vouée de toute façon à l'échec. Notre vieillissement va nous rattraper, nous pouvons le ralentir, mais non pas l'éviter. Alors, à un moment ou à un autre, il va falloir s'accepter. Autant commencer jeune, vous ferez beaucoup d'économies (en chirurgie esthétique, crèmes antirides et autres…). Et si vous placez tout votre argent économisé dans vos loisirs et vos plaisirs, vous serez peut-être tout aussi épanoui ! Surtout, vous aurez changé de position par rapport à votre vieillissement, vous l'aurez accepté, vous vivrez en accord avec ce que vous êtes et non plus en lutte permanente avec un phénomène naturel qui de toute façon vous rattrapera.

La folie du poids idéal

La folie du poids idéal, telle qu'on la perçoit notamment dans les médias de façon quasi permanente, relève bien des facteurs culturels et environnementaux d'un perfectionnisme toxique. Nombre des perfectionnistes que je rencontre dans le cadre de mes consultations, et en particulier les femmes, ont des troubles du comportement alimentaire. Nous reparlerons de ce lien entre perfectionnisme et trouble alimentaire dans le chapitre « Quand le perfectionnisme devient une maladie », page 118.

Les signes extérieurs de richesse ou l'économie perfectionniste

Facteurs personnels et facteurs environnementaux se renforcent également dans ce domaine. Les signes extérieurs de richesse peuvent être une façon d'exprimer son perfectionnisme. Tel homme a la plus belle voiture pour impressionner ses amis. Son costume est de telle marque car décidément, lorsqu'on est dans tel milieu, il n'est pas question d'acheter telle autre marque considérée comme du bas de gamme. Quant aux dizaines ou aux centaines de milliers d'euros investis dans la maison, ils ne le sont pas alors uniquement pour notre confort personnel, mais aussi dans un esprit de représentation aux yeux des autres… Que ne dépense-t-on pas dans une vie pour renvoyer une image de soi parfaite !

Le perfectionnisme se paie cher. Eh oui, le perfectionnisme a un coût, il a même un coût très élevé. Vous l'aurez certainement compris, il est maintenu culturellement car il rapporte énormément.

Telle est l'économie du perfectionnisme.

Le bonheur parfait

La culture moderne du bonheur obligé est une cause environnementale de maintien du perfectionnisme. Dans notre société actuelle, nous avons tendance à penser que nous nous devons d'être heureux. Ainsi, toute tristesse, toute angoisse, toute difficulté de vie peuvent apparaître anormales. De plus en plus de personnes consultent pour « soigner » un deuil ou un licenciement. Mais il s'agit d'événements de vie et de réactions d'adaptation normales à la perte d'un être cher ou d'un emploi.

Derrière tous ces domaines du « perfectionnisme affiché », il existe un mécanisme psychologique qui me gêne un petit peu. En effet, plus on cherche à adhérer à ces critères, à ces normes, plus on s'éloigne de ses besoins personnels.

Si vous êtes dans cette démarche, je vous recommanderais volontiers de revenir à une vue plus raisonnable de vous-même et de votre place dans la société :

- acceptez vos propres limites,
- définissez vos priorités,
- remplacez la quantité par la qualité de vos émotions,
- remplacez le bonheur d'action et de maîtrise par un bonheur de satisfaction et de contemplation[1].

Notre société nous imposant presque le bonheur, beaucoup de personnes sont déprimées alors qu'elles n'ont aucune raison biologique ou psychopathologique de l'être. Elles ne sont pas réellement malades, mais très sensibles aux messages environnementaux et sociaux, ont l'impression de ne pas en avoir fait assez de ne pas être quelqu'un d'assez bien et veulent toujours aller plus loin, être mieux. Cela ressemble à une dépression virtuelle, relative, par rapport à un bonheur idéalisé qu'on pense ne pas avoir atteint. Et se manifeste parfois par un bonheur affiché. Envers les autres, les collègues, les amis… On se croit obligé de montrer toujours que « tout va bien ».

---

1. André C., *Vivre heureux*, Paris, Odile Jacob, 2003.

Et si le cerveau s'en mêlait ?

Au-delà de l'éducation et de l'environnement social et culturel, on peut se demander s'il existe une hormone du perfectionnisme. Comment fonctionne le cerveau des perfectionnistes ? Je n'ai retrouvé aucune étude scientifique sur la biologie du perfectionnisme. Cela manque et j'espère que dans les années à venir des chercheurs se pencheront sur cette question afin d'en améliorer notre compréhension. Mais les travaux modernes en génétique, en imagerie cérébrale et en neurobiologie nous autorisent cependant au moins à formuler des hypothèses. Voici à titre d'exemples quelques-uns de ces travaux.

Les perfectionnistes auraient-ils des difficultés à percevoir le plaisir ?

J'ai été frappé, lors d'une conférence sur l'anhédonie[1] réunissant des alpinistes de très haut niveau (avec plusieurs sommets à plus de 8 000 mètres à leur palmarès), des chercheurs en neurosciences et des psychiatres, par certains points de convergence entre ces grands sportifs et mes patients souffrant de perfectionnisme toxique. L'anhédonie est une incapacité à ressentir le plaisir. Connue depuis longtemps par les psychiatres chez les patients dépressifs, cette difficulté à ressentir le plaisir se retrouve fréquemment chez les perfectionnistes.

---

1. Luckie L., *Émotions physiques et psychiques de l'extrême*, colloque « Émotions extrêmes », Megève, 9 octobre 2004.

Les chercheurs en neurosciences[1] ont également montré que les émotions modulent la perception sensorielle de l'environnement. Face à un tableau représentant un superbe paysage, les personnes anhédoniques ont besoin de 20 % de contrastes en plus que les autres pour percevoir le même plaisir[2]. Face à la même toile de maître, les personnes anhédoniques perçoivent 20 % de contrastes en moins et ressentent moins de plaisir. Un cercle vicieux s'installe. Je ressens moins de plaisir, j'ai besoin de plus de sensations pour le ressentir et j'augmente ma recherche de satisfaction en augmentant mes exigences. Mais mes exigences élevées m'amènent au surmenage et… à l'anhédonie. Cela rappelle les comportements de certains perfectionnistes…

Et si une hormone du plaisir manquait aux perfectionnistes ?

Par ailleurs, il existe dans le cerveau un système de récompense que l'on connaît depuis les années 1970. Ce système de récompense fonctionne avec un neuromédiateur (sorte d'hormone cérébrale) nommé la dopamine. On peut imaginer que les perfectionnistes manqueraient eux aussi de cette hormone du plaisir et que, ne percevant pas le plaisir lié à leurs actions, ils seraient en recherche permanente de performance pour obtenir du plaisir grâce à ce dépassement de soi. Un patient perfectionniste me disait : « Je travaille pendant six mois sur un dossier sans pouvoir ressentir aucun plaisir. Le plaisir, je ne le ressens que pendant les trois minutes durant lesquelles le contrat est signé. Mais, pendant

1. Voir dans Dudal S. et Jouvent R., *De la fatigue neuronale à la fatigue dépressive*, PIL, 2006.
2. Jouvent R., *Bases neurobiologiques du plaisir sensoriel et du plaisir physique*, colloque « Émotions extrêmes », Megève, 9 octobre 2004.

les six mois qui ont précédé la signature de contrat, je n'ai ressenti aucun plaisir à le préparer. Malheureusement pour eux, chez les perfectionnistes, le système biologique du plaisir ne fonctionnerait pas. Leurs hormones du plaisir, de la récompense ne seraient pas efficaces, d'où cette insatisfaction chronique et cette nécessité de faire TOUJOURS MIEUX...

En résumé

Les différents facteurs permettant le développement du perfectionnisme sont les suivants :

— les quatre modèles éducatifs du perfectionnisme, (le modèle des attentes sociales, le modèle de l'apprentissage social, le modèle de la réaction sociale, le modèle de l'éducation anxieuse) ;

— la filiation : vos parents ont-ils une personnalité perfectionniste ? Et vos grands-parents ?

— une certaine culture perfectionniste de nos sociétés modernes. Avec une propagande perfectionniste qui infiltre tous les domaines de notre vie quotidienne : le culte du corps parfait, la publicité, les superwomen, la course permanente à la performance...

— le cerveau pourrait avoir un style de fonctionnement qui crée ou maintient le perfectionnisme.

TROISIÈME PARTIE

Trop c'est trop

Quand votre perfectionnisme retentit sur les autres

Le perfectionnisme peut se manifester de trois manières différentes[1]. Le perfectionnisme en réponse à une norme sociale, le perfectionnisme envers soi et le perfectionnisme envers les autres.

Dans le premier cas, du perfectionnisme prescrit socialement, vous avez très certainement le souci de plaire. En présence des autres, vous vous dites : « Je dois être parfait pour être apprécié, voire admiré, par les autres. » Le risque est que vous en fassiez trop, votre perfectionnisme perturbant alors l'ensemble de vos relations avec vos amis, vos enfants, votre conjoint, vos collègues de travail… Lucie passe des heures à nettoyer sa maison. Quitte d'ailleurs à ne plus faire d'activités avec son mari et à ne plus avoir assez de temps pour jouer avec ses enfants. « Ma maison doit toujours être impeccable au cas où quelqu'un viendrait à l'improviste… je serais vraiment trop mal à l'aise si on voyait ma maison en désordre… Ma maison, c'est un peu moi, je ne supporterais pas que l'on juge mal mon intérieur. »

---

1. Flett G. L. et Hewitt P.L., *Perfectionism, Theory, Research, and Treatment*, published by American Psychological Association, 750 First Street, NE, Washington, DC 20002, www.apa.org

Le deuxième cas, le perfectionnisme envers soi, consiste en des exigences trop élevées que vous vous imposez à vous-même. Nous avons détaillé cette forme de perfectionnisme dans les chapitres précédents.

Dans le troisième cas, votre perfectionnisme s'étend aux autres et en particulier à ceux qui vous entourent. C'est ce perfectionnisme que nous allons détailler dans ce chapitre. Les autres doivent faire comme vous l'entendez : c'est la seule bonne façon de faire. Vous allez parfois jusqu'à devenir tyrannique avec votre conjoint et vos enfants. À l'adolescence, vos enfants risquent de se rebeller contre les tenues strictes et impeccables que vous chercherez à leur imposer et choisir d'adopter une tenue délibérément punk pour vous montrer qu'ils ne souhaitent pas être aussi perfectionnistes que vous.

Êtes-vous perfectionniste avec les autres ? Cherchez-vous à imposer votre façon de voir ? Exigez-vous des autres qu'ils fassent comme vous l'entendez et pas autrement ? Ce comportement et cette exigence se manifestent-ils à la maison, au travail, dans d'autres domaines de votre vie ?

Si les autres ne font pas comme vous le souhaitez, vous devenez irascible ou bien vous choisissez de faire à leur place. « On n'est jamais mieux servi que par soi-même. » Cette difficulté à déléguer risque tout d'abord, en ce qui vous concerne, de vous conduire tout droit au surmenage et au stress. Avec les autres, votre exigence peut devenir source de difficultés relationnelles.

Au travail

Bernard est un tyran au travail. À 49 ans, il est chef d'équipe dans une grande entreprise nationale. Il ne supporte pas que le travail ne soit pas parfait. Il a peur que ses supérieurs lui disent que son service fonctionne moins bien que les autres. Il est sans arrêt sur le dos de ses collaborateurs, leur demande de refaire plusieurs fois la même chose jusqu'à ce qu'il juge le résultat irréprochable. Ses collaborateurs le vivent mal. Même s'ils ont beaucoup de respect pour Bernard, qu'ils jugent très qualifié, ils demandent les uns après les autres à changer de service au bout de quelques années. Bernard en est conscient et malheureux, mais, comme il dit, il n'arrive pas à faire autrement.

Au travail, vous vous comportez en tyran avec vos collaborateurs et vos collègues. Si vous avez les mêmes exigences avec eux qu'envers vous-même, vous risquez de devenir très vite insupportable.

Votre sens du détail risque de plus de vous faire perdre une vue plus globale et synthétique des choses. Par exemple, vos collaborateurs ou collaboratrices vont peut-être trouver que vous perdez beaucoup de temps dans ces détails et perdez de vue l'objectif essentiel.

Dans votre couple

Quand le perfectionnisme retentit sur le couple, il peut le faire de plusieurs manières.
• La personne perfectionniste tyrannise son conjoint en étant sans arrêt « derrière lui » : vous lui faites tenir la maison à votre idée, avez envers lui des exigences de « qualité », sur des points qui sont importants pour vous, mais qui ne lui correspondent pas forcément : « Lis plus », « Habille-toi mieux », « Prends soin de ton apparence », « Parle plus aux gens »…
• Souvent le perfectionniste choisit un partenaire tout aussi exigeant que lui, qui le soutient dans ses convictions. Le couple lui-même devient alors perfectionniste et se choisit des

amis perfectionnistes… Ce couple « élitiste » ne choisit que des amis qu'il considère parfaits par leur métier, mais aussi dans la façon dont ils éduquent leurs enfants… On se retrouve dans un groupe d'amis qui se comportent tous un petit peu de la même manière dans leur façon de vivre. Cela afin de faire partie d'un milieu où tout le monde répond à des critères d'exigence très élevés et bien souvent identiques. Bientôt, vous n'aurez plus beaucoup de repères dans votre vie autres que ces repères élitistes que vous aurez adoptés vous-même et fait adopter par l'ensemble de votre entourage.

• La personne perfectionniste doutant d'elle-même désespère parfois son conjoint. Elle n'écoute pas les messages positifs et les compliments de son conjoint, ne remarque que les messages et les critiques qui confirment ses insuffisances. Son conjoint, ne se sentant pas écouté lorsqu'il la complimente, cesse de le faire. La personne perfectionniste doute alors de l'amour de celui-ci, ce qui ne fait que renforcer son doute sur elle-même (« Décidément, je ne suis pas assez bien pour être aimée »). C'est un cercle vicieux et le couple se retrouve dans une impasse.

Pierre est un chercheur brillant mais très exigeant avec son entourage. Pour lui, les choses doivent être parfaites : « Vous comprenez, quand, comme moi, on travaille sur des virus mortels, il n'est pas question de faire une erreur de manipulation. » On a confié à Pierre la direction d'un laboratoire dit P4, de haute sécurité, qui exige des méthodes de travail sans faille. L'échappement d'un virus hautement toxique au cours d'une erreur de manipulation serait une catastrophe régionale, voire nationale, pouvant entraîner des milliers de morts. D'ailleurs, Pierre s'est entouré de collaborateurs et de collaboratrices à son image, tous méticuleux, sur qui il peut compter. Cette méticulosité indispensable dans son travail, Pierre la transporte chez lui. Depuis des mois, il refuse que sa femme invite leurs amis considérant que la tapisserie du salon n'est pas présentable. « Nous recevrons lorsque nous aurons refait la tapisserie. » Élodie, son épouse ne sait d'ailleurs pas trop si elle doit insister car, la dernière fois qu'elle a invité des amis chez eux, ce fut l'enfer. Rien n'allait, la table n'était pas bien dressée, la viande pas assez salée… « Quant à la phrase complètement débile que tu as sortie à Rémy, franchement tu aurais mieux fait de la fermer. De quoi avons-nous l'air de dire des bêtises pareilles ? » Pierre, lorsqu'il est angoissé, peut devenir exécrable avec Élodie, si quelque chose ne lui paraît pas parfait. Le dernier départ en vacances fut aussi un moment dont Élodie se souvient encore avec douleur. Elle avait retenu huit jours dans un centre de vacances. Dès qu'ils sont arrivés, Pierre a jugé que la chambre n'était pas assez propre, que le bar trop proche allait entraîner du bruit, que les lits n'étaient pas de bonne qualité, qu'ils n'allaient pas bien dormir. Quant aux autres vacanciers, décidément, ils étaient tous plus négligents les uns que les autres… Élodie en a marre. Elle a l'impression que malgré tous ses efforts, ceux-ci ne seront jamais suffisants pour Pierre, qu'il ne remarquera toujours que ce qui ne va pas.

En fait, lorsqu'on souffre soi-même d'exigences élevées, on a souvent tendance à vouloir que notre conjoint soit parfait. Il faut que le couple, les enfants, la famille soient irréprochables aux yeux des autres. Pierre cherche à inoculer le virus de ses exigences élevées à sa femme ! Pour cette dernière, c'est épuisant.

Marylène demande à son mari de fermer les sacs poubelles à sa place. Mais elle est tellement inquiète qu'elle doit toujours les vider entièrement plusieurs fois afin de vérifier qu'elle n'a pas jeté un objet de valeur. Dans son cas, le perfectionnisme est le socle sur lequel est venu se greffer un TOC (trouble obsessionnel compulsif). Nous verrons dans le chapitre « Quand le perfectionnisme devient une maladie », page 118, que le perfectionnisme peut se révéler au cours de la psychothérapie chez des personnes venues consulter pour une anxiété généralisée, un TOC, une anorexie… Lorsqu'ils partent en vacances, Marylène tyrannise son mari qui doit vérifier dix fois s'ils n'ont pas oublié ceci ou cela. Lorsqu'à la onzième fois, il s'assoit enfin au volant prêt à démarrer et demande à sa femme si elle est rassurée, elle répond, rongée par l'angoisse : « Es-tu bien sûr d'avoir éteint le gaz ?… Et la lumière de la chambre de la petite ?… As-tu débranché l'antenne de la télévision ?… » Sur la route, à cinquante kilomètres de chez eux, elle bondit sur son siège : « Arrête-toi, je ne suis pas sûre d'avoir caché mes bijoux », son mari lui répond patiemment : « Si chérie, je t'ai vue les enfermer et vérifier trois fois. »

Marylène est une patiente à la fois angoissée et perfectionniste, elle est obsessionnelle. Nous reparlerons plus loin de cette association.

En couple, deux cas de figure peuvent poser problème au perfectionniste :

• Son conjoint est aussi perfectionniste que lui. Ils seront alors exigeants avec leurs enfants, à la recherche d'amis aussi parfaits qu'eux, comme on l'a vu plus haut. Ils auront tendance à vivre dans des milieux où l'excellence est prônée. Écoles d'élite pour les enfants, cercles de réunion et de réflexion de-ci de-là. L'avantage est de pouvoir s'identifier et se rapprocher de toute personne fonctionnant comme nous, ce qui est rassurant. Mais aucun progrès n'est possible, aucun changement envisageable et ces couples ont de grosses difficultés d'adaptation lorsqu'ils se retrouvent dans un milieu moins exigeant qu'eux.

• Son conjoint est moins exigeant que lui. Le perfectionniste est alors conscient de ses excès et cherche à s'assouplir en duo avec une personne moins exigeante. L'avantage est qu'il pourra certainement progresser s'il accepte les valeurs de son conjoint. L'inconvénient est que le conflit de valeur entre un membre très exigeant et l'autre qui l'est moins peut se révéler insurmontable et entraîner des tiraillements dans le couple.

Avec vos enfants

Vos relations avec vos enfants risquent elles aussi d'être perturbées par votre perfectionnisme. Vous les voulez toujours polis, irréprochables, ordonnés, sans faille, premiers de la classe…

Anita est tyrannique à la maison. Elle a trois enfants. Ses exigences avec eux sont si élevées qu'Anita devient complètement obsessionnelle. Elle ne supporte pas que ses enfants entrent dans la maison avec leurs chaussures sales. Elle se met en colère parce qu'ils n'ont pas le réflexe de les retirer pour mettre leurs pantoufles. Alors qu'ils sont âgés respectivement de quatre, six et huit ans, elle leur demande de ranger leur chambre seuls, de faire leur lit tous les matins, de ne jamais laisser traîner le moindre objet. Anita vérifie tous les jours leur chambre et ne peut s'empêcher de piquer des colères noires lorsque quelque chose n'est pas rangé. Elle est consciente de l'excès de son comportement. En consultation, elle pleure et dit : « Je sais que je les tyrannise, ils doivent me trouver insupportable, je n'arrive pas à faire autrement. »

Avec une pression aussi importante, on risque de mettre ses enfants en difficulté. Ils risquent de penser : « Je ne serai jamais à la hauteur de ce que souhaite papa ou maman. » Et lorsque vous vous en rendrez compte, c'est-à-dire lorsque vos enfants seront en difficulté, vous vous sentirez extrêmement coupable. Il est temps de relâcher la pression sur vos enfants.

La pression est parfois plus insidieuse, sans que les parents aient demandé des résultats parfaits ni fixé d'objectifs de réussite, l'enfant semble lui-même se fixer des exigences. Sans doute cela vient-il aussi parfois de ses parents… On retrouve les modèles de l'apprentissage social ou de la réaction sociale décrits dans « Quelle éducation avez-vous reçue ? » (voir page 76).

Avec vos amis et relations

Nous avons vu dans le cas d'un couple perfectionniste ou élitiste que le perfectionniste pouvait en arriver à ne s'entourer que d'amis aussi exigeants que lui. Et nous avons vu plusieurs exemples de perfectionnistes aussi exaspérants qu'intransigeants dans leurs relations avec les autres.

Mais vos relations sociales peuvent devenir pauvres et peu abondantes parce que vous craignez d'être imparfait. Ici le perfectionnisme est le trait qui a servi de socle sous-jacent à une peur de rencontrer les autres, une timidité, une phobie sociale parfois. Vous avez alors tendance à fuir les invitations. Les relations sociales peuvent aussi vous paraître superflues. Vous considérez qu'elles vous prennent une partie de votre précieux temps. Pour vous, le plaisir est lié à la performance. Par exemple, vous n'irez dans une soirée que si vous pouvez rencontrer quelqu'un qui peut vous apporter quelque chose, au niveau professionnel ou personnel.

Si vous partez quelques jours en vacances sur un voilier avec des amis, vous vous inscrirez auparavant à un stage intensif, si possible par gros temps, pour « bouffer de la mer ». Cela vous paraît indispensable même si ce n'est que pour faire quelques jours de cabotage en mer Méditerranée par temps calme. Avant de jouer au tennis, vous vous inscrivez à un stage afin d'être à niveau, sans quoi vous craignez de vous sentir ridicule.

Dans vos relations sentimentales

Une de mes jeunes patientes, Julie, se plaint de ne pas réussir à entrer en contact avec des garçons. Elle est très intimidée face à eux : « Lorsque je suis avec un garçon que je ne connais pas, je suis totalement paralysée, je me liquéfie sur place, je suis incapable de dire quoi que ce soit. » Julie pense qu'elle doit assurer toute seule le début de la conversation, trouver des thèmes de discussion intéressants, avoir une élocution parfaite. C'est sur elle que repose, pense-t-elle, la relation qu'elle pourrait avoir avec ce garçon, selon qu'il la jugera parfaite ou pas. Lorsque l'amie qui l'a invitée pour lui faire rencontrer un garçon part à la cuisine (volontairement pour laisser les deux jeunes gens en tête à tête), Julie est si paralysée qu'elle n'arrive pas à dire un seul mot. De retour chez elle, elle s'en veut énormément, pleure et se dit qu'elle est décidément vraiment trop nulle : « Je n'intéresserai jamais personne. »

Les autres membres du groupe de thérapie auxquels Julie raconte cette anecdote ne pensent pas comme elle. Ils proposent d'entamer une conversation par des banalités. Julie a tendance à penser qu'on doit tout de suite parler de choses très intéressantes. Ils lui indiqueront aussi que c'est peut-être au garçon d'assurer une partie de la conversation et pas uniquement à elle. Selon eux, un garçon ne va peut-être pas juger une fille inintéressante sous le seul prétexte qu'elle est un peu réservée et timide lors de la première rencontre.

Ils ajouteront même que cette réserve et cette timidité peuvent avoir un côté séduisant. Et qu'il est normal lors d'une première rencontre qu'il y ait quelques blancs et silences dans la conversation, ce n'est au fond pas très facile d'entrer en discussion avec quelqu'un que l'on ne connaît pas, en particulier dans le cadre d'une relation affective.

En fait, Julie se fixe des normes et des exigences tout à fait irréalistes dans ses premières rencontres avec les garçons.

Est-ce que ce ne sont pas finalement ses exigences excessives qui l'empêchent de rencontrer quelqu'un ?

CHAPITRE 9

Quand le perfectionnisme devient une maladie

Si le perfectionnisme m'intéresse tant, c'est parce qu'il peut être à l'origine de nombreux troubles du comportement qui conduisent les patients à consulter.

Le perfectionnisme, lorsqu'il est pathologique, serait responsable de nombreux troubles psychologiques et pourrait même empêcher leur guérison. Il s'agit d'un trait de personnalité de fond qui serait à l'origine de nombreuses manifestations parmi lesquelles : le stress et le *burn-out*, certaines dépressions, les troubles du comportement alimentaire, les troubles obsessionnels compulsifs, les phobies sociales généralisées, certains troubles de personnalité... Plusieurs chercheurs[1] ont montré qu'un perfectionnisme intense rendait le traitement de certains troubles psychiatriques, comme la dépression, beaucoup plus difficile.

Cliniquement, le perfectionnisme est donc considéré comme un trait de personnalité, sorte de socle sous-jacent à différents troubles anxieux, qu'il s'agisse de

---

1. Blatt S. J., « The destructiveness of perfectionism : implications for the treatment of Depression », *American Psychologist*, 1995, 50, p. 1003-1020.

troubles obsessionnels compulsifs (TOC)[1], de phobie sociale[2], d'anxiété généralisée ou même de certains troubles dépressifs ou de certaines anorexies mentales ou boulimies[3]. Les troubles anxieux ne sont que la partie apparente de l'iceberg, montrée en première instance au psychiatre, qui va découvrir ensuite lors de la psychothérapie des traits de personnalité perfectionniste. Souvent, quand l'anxiété persiste malgré un traitement bien conduit, c'est parce qu'il y a au-dessous, un trait de personnalité perfectionniste qu'il faut traiter alors à son tour si on veut aboutir à un résultat plus profond et complet.

À l'inverse, les patients qui ont un bas niveau de perfectionnisme ont une bien meilleure réponse aux différents traitements antidépresseurs qui leur ont été proposés, qu'il s'agisse de médicaments, de thérapies interpersonnelles ou de thérapies cognitives et comportementales.

Ces éléments m'apparaissent d'une grande importance. Le point fondamental n'est pas que le perfectionnisme entraîne tel ou tel trouble, mais plutôt que, lorsqu'il est trop prononcé, il devient un facteur aggravant de la plupart des troubles psychologiques et surtout qu'il rend leur traitement plus compliqué, plus difficile et plus aléatoire.

Ces informations scientifiques ont des conséquences concrètes et pratiques. Si un perfectionnisme intense est à la base de ces troubles, il sera souvent indispensable de le traiter.

---

1. Frost O. et Dibartalo P.M., « Perfectionism, anxiety and obessive-compulsive disorders », *in* Flett G. L. et Hewitt P. L., *Perfectionism, Theory, Research, and Treatment,* published by American Psychological Association, 750 First Street, NE, Washington, DC 20002, www.apa.org

2. Alden L. E., Ryder A. G. et Mellings T. M. B., « Perfectionism in the context of social fears : toward a two-component mode », *in* Flett G. L. et Hewitt P. L., *Perfectionism, Theory, Research, and Treatment*, published by American Psychological Association, 750 First Street, NE, Washington, DC 20002, www.apa.org

3. Bardone-cone A. M., Abramson L. Y., Vohs K. D., Heartherton T. F. et Joiner T. E., « Predicting bulimic symptoms : An interactive model of self-efficacy, perfectionism, and perceived weight status », *Behaviour Research and Therapy*, 2006, 44, p. 27-42.

Sur le plan pratique, l'existence de ces traits perfectionnistes jusqu'alors peu pris en considération, explique probablement beaucoup de résistances au traitement dans les différents troubles que nous allons étudier maintenant. C'est en particulier très probablement vrai pour les troubles du comportement alimentaire, les troubles obsessionnels compulsifs, les troubles anxieux généralisés et les phobies sociales. Les méthodes de traitement du perfectionnisme qui seront donc à prendre en compte dans les cas résistants sont illustrées dans le chapitre « Les clés du bon perfectionniste », page 138.

J'insiste sur le fait que ce perfectionnisme excessif est à rechercher quel que soit le trouble psychologique dont vous souffrez. Toutefois, d'après les publications et les recherches en cours, il semblerait qu'un certain nombre de troubles soient plus fréquemment associés avec un haut niveau de perfectionnisme. Raison pour laquelle je vais maintenant m'arrêter un peu sur ces troubles les plus fréquents.

Stress, épuisement et *burn-out*

À force de vouloir tout faire parfaitement, vous finissez par vous épuiser.

Jean-François, avocat, 47 ans, est un homme d'affaires surmené.

Il me consulte totalement épuisé par son surmenage, ne parvenant même plus à se rendre à son travail.

Jean-François ne regarde pas aux horaires. Il se lève à 5 heures du matin, se couche à 22 heures, est sans arrêt sur la brèche. Extrêmement perfectionniste, il n'accepte aucune aide. Personne n'a le droit de toucher son travail, il veut tout faire lui-même. Comme il est sympathique et très brillant, il a une grosse clientèle envers laquelle il se montre très disponible (pour ne pas la décevoir). Il est donc au téléphone le plus clair de la journée. En même temps, il traite un dossier et donne des ordres à sa secrétaire.

Jean-François a eu plusieurs ulcères à l'estomac et récemment c'est une alerte cardiaque qui l'a vraiment inquiété. Son cardiologue me l'adresse pour diminuer son stress.

Jean-François présente quatre problèmes : le perfectionnisme, le stress, le comportement de type A, le *burn-out*.

– Le perfectionnisme est décrit dans ce livre, vous l'aurez reconnu chez Jean-François.
– Le stress, vous l'apercevez aussi facilement. C'est cette difficulté d'adaptation à l'environnement qui fait que nous avons tendance à faire surchauffer la machine.
– Le *burn-out*, qui signifie en traduction littérale consumation interne, veut dire que l'on s'est brûlé de l'intérieur à force de dépenser de l'énergie. Il s'agit d'un grand épuisement qui conduit des individus actifs à un état de léthargie et d'épuisement total. Brutalement, ils ne peuvent plus se lever le matin épuisés à bout de forces physiques et morales.
– Quant au comportement de type A, il a été décrit dans les années 1960 par des cardiologues américains lors d'une étude sur les récidives d'infarctus. Ces cardiologues collaborant avec des psychologues ont montré que des patients qui ont ce comportement de type A ont deux fois plus de risques de faire une récidive de leur infarctus dans les cinq années qui suivent.

Quelles sont les caractéristiques du comportement de type A ?

Il s'agit d'individus engagés dans une lutte quasi chronique afin de réaliser le plus rapidement possible un nombre illimité d'objectifs mal définis et ce si nécessaire en dépit des obstacles ou de la volonté d'autres individus ou de leur environnement.

Je vous conseille de relire cette définition patiemment car chaque mot est important (en particulier les mots lutte, rapidement, illimité, en dépit des obstacles).

Ces personnes ont comme caractéristiques :

- de travailler en quantité illimitée et sans joie,
- un désir d'avoir le maximum de choses indéterminées dans un minimum de temps,
- une hâte et une impatience relationnelles qui les amènent souvent à interrompre les autres ou à ne pas les laisser finir,
- un perfectionnisme (tiens le voilà !),
- une ambition sociale souvent importante,
- l'habitude de lutter pour réussir,
- un sentiment d'agressivité et d'hostilité vis-à-vis des autres.

Si vous avez ces caractéristiques comportementales, je ne peux que vous conseiller de faire un programme de gestion de votre stress afin d'éviter les complications cardio-vasculaires.

On considère, actuellement, que le perfectionnisme joue un rôle fondamental dans le processus du stress et ce à tous les niveaux[1]. Le perfectionnisme est responsable du déclenchement du stress, de son anticipation, de son maintien et de son augmentation lorsque l'individu rencontre des difficultés de vie et agit donc à tous les niveaux de stress.

---

1. Hewitt P. L. et Flett G. L., « Perfectionnism and stress process in psychopathology », in Flett, G. L. et Hewitt P. L., *Perfectionism, Theory, Research, and Treatment,* published by American Psychological Association, 750 First Street, NE, Washington, DC 20002, www.apa.org

Celui-ci, une fois présent, viendra aggraver les autres troubles psychologiques liés au perfectionnisme.

Le perfectionnisme
comme mauvaise réponse à l'anxiété

Nous avons vu que perfectionnisme et anxiété sont intimement liés. Le cercle est d'autant plus vicieux que le perfectionnisme est souvent une mauvaise réponse à l'anxiété. On développe des tendances perfectionnistes comme une façon de contrôler et de faire face à cette anxiété. En étant parfait, l'anxieux a l'impression de pouvoir contrôler les choses, ce qui le rassure et le calme. C'est ce qu'on a appelé le perfectionnisme de contrôle et de maîtrise, même si ce perfectionnisme était déjà bien souvent présent au départ.

Le perfectionnisme peut entraîner de nombreux troubles anxieux comme le trouble anxieux généralisé, les troubles obsessionnels compulsifs, les troubles paniques, les phobies sociales généralisées, le stress post-traumatique.

Le schéma suivant montre comment le perfectionnisme peut devenir une tentative de réponse à l'anxiété :

Anxiété et perfectionnisme : un cercle vicieux

Nous allons nous intéresser particulièrement à deux troubles anxieux dans lesquels le perfectionnisme semble jouer un rôle tout à fait fondamental : les phobies sociales et le trouble obsessionnel compulsif.

➤ *La phobie sociale*

Je ne serais pas à la hauteur
de ce que les autres attendent de moi

Voici bien le thème central et la phrase la plus utilisée par nos patients qui souffrent d'anxiété sociale.

Ces personnes qui doutent de leur valeur ont tendance à penser qu'elles vont être mal jugées, critiquées par les autres. Elles ont peur des autres. Cette crainte d'être critiqué et mal jugé les confirme dans leur opinion de leur faible valeur et aggrave une estime de soi déjà basse.

Pour faire face à cette crainte qui est dans leur tête et non pas dans la réalité (ce ne sont pas des personnes qui manquent de valeur, ce sont des personnes qui pensent qu'elles manquent de valeur), elles peuvent avoir plusieurs réactions comportementales. Soit ce que l'on appelle l'évitement social. Elles choisissent de vivre renfermées sur elles-mêmes, évitant les contacts sociaux ou tout au moins les jugements des autres sur elles. Elles évitent d'aller dans des soirées où elles ne connaissent personne ou bien, si elles s'y rendent, de peur de trop prendre la parole de peur d'être mal jugées. Si elles sont obligées de prendre la parole, elles tiennent un discours allant dans le sens de la majorité des convives pour ne pas se faire remarquer.

Tous les comportements sont calculés pour éviter cette angoisse terrible : « Ne pas se sentir à la hauteur face aux autres. »

Les personnes souffrant d'anxiété sociale ont également souvent une attitude perfectionniste. Elles pensent que si elles sont parfaites dans leur comportement, dans leur apparence, dans les mots qu'elles choisissent, dans leur élocution… elles risqueront alors moins d'être mal jugées par les autres. Mais un cercle vicieux s'instaure. En effet, pour éviter le mauvais jugement d'autrui, elles sont obligées d'être parfaites en tout point et à tout niveau. C'est ainsi que, lors d'une invitation à une soirée, leur stress va monter plusieurs jours à l'avance : « Comment vais-je m'habiller ? Comment vais-je me maquiller ? Qui y aura-t-il à cette soirée ? N'y aura-t-il pas des gens plus intéressants que moi ? N'y a-t-il pas des gens plus cultivés que moi ? Ne vais-je pas paraître nul et ridicule ? » Tous ces doutes conduisent le perfectionniste anxieux à avoir une apparence parfaite, des propos clairs avec une élocution parfaite, à surtout ne dire que des choses parfaitement intelligentes selon lui. Cet état d'esprit entraîne un stress de performance considérable qui va faire que ces patients perfectionnistes ne se pardonneront pas la moindre erreur. Ils seront dans les jours qui précèdent la soirée et au cours de la soirée en vigilance permanente, dans une attitude de spectateur envers eux-mêmes, guettant la moindre imperfection. Bien évidemment, ils perdront toute spontanéité ou tout naturel. Pour éviter toute erreur, ils seront extrêmement discrets et préféreront ne pas se prononcer sur un thème de peur de dire une bêtise. Au risque de paraître relativement insignifiants aux yeux des autres convives, de ne pas approfondir les relations sociales, de manquer de chaleur. Ces perfectionnistes souffrant d'anxiété sociale, voulant tellement soigner leur apparence, peuvent apparaître superficiels ou froids à ceux qui ne les connaissent pas. Alors que, bien sûr, ce n'est pas du tout le cas.

➤ *Le trouble obsessionnel compulsif (TOC)*

*Ce n'est jamais assez parfait, je dois toujours
tout recommencer...*

Frédéric, 23 ans, étudiant, est en train de préparer un concours. Il a déjà échoué à plusieurs reprises car il perd beaucoup de temps à cause d'un perfectionnisme important qui l'amène à vouloir maîtriser parfaitement ses cours. Ne supportant pas de ne pas savoir quelque chose, même un détail, il a tendance à réapprendre ses cours des dizaines de fois jusqu'à ce qu'il soit capable de les réciter parfaitement. Même pendant ses loisirs, lorsqu'il lit par exemple un article sur son sport préféré, il a tendance dès qu'il accroche sur un mot à recommencer la lecture de l'article dès le début.

THÉRAPEUTE « À quel moment considérez-vous que votre lecture est parfaite ? »

FRÉDÉRIC : « Je le sens. »

THÉRAPEUTE : « Sur quelle sensation jugez-vous que votre lecture est parfaite ? »

FRÉDÉRIC : « C'est une sensation, il n'y a pas de critères précis, je juge que mon élocution est bonne. »

THÉRAPEUTE : « Sur quels critères, au cours des lectures précédentes, jugiez-vous que votre lecture n'était pas suffisamment parfaite ? »

FRÉDÉRIC : « Il suffit que je bute sur un mot, ou que je répète une syllabe. »

THÉRAPEUTE : « Au fond, que se passerait-il si vous arrêtiez votre lecture avec une élocution imparfaite ? »

FRÉDÉRIC, souriant mais visiblement mal à l'aise : « Oh, je le sais bien, rien de très grave, mais je me sens poussé à relire jusqu'à ce que ce soit absolument parfait. »

THÉRAPEUTE : « Qu'est-ce qui vous pousse à relire ? »

FRÉDÉRIC : « C'est comme une voix intérieure. »

THÉRAPEUTE : « Que dit cette voix intérieure ? »

FRÉDÉRIC : « Elle me dit : "Ce n'est pas parfait, il faut que tu relises encore." »

THÉRAPEUTE : « Est-ce que cette voix intérieure est toujours négative, critique, avec vous ? »

FRÉDÉRIC : « Oui »

THÉRAPEUTE : « Si elle était plus positive et constructive, que dirait-t-elle alors ? »

FRÉDÉRIC : « Oui, c'est vrai, elle pourrait être plus tolérante et me permettre d'arrêter la lecture sans avoir besoin de la recommencer autant de fois. »

THÉRAPEUTE : « En dehors de la lecture, avez-vous souvent une voix critique négative dans votre tête lorsque vous répétez vos actions même en dehors de la lecture ? »

FRÉDÉRIC : « C'est permanent, je suis exténué par cette voix intérieure qui m'oblige à répéter sans arrêt tous mes actes, que ce soit pour lire ou ranger mon bureau par exemple. Tout doit être parfaitement en ordre. Lorsque quelqu'un me parle je m'efforce de retenir ce qu'il me dit. »

Frédéric présente un trouble obsessionnel compulsif (souvent abrégé sous l'expression TOC). Il se sent poussé à répéter de nombreuses fois les mêmes actes ou les mêmes pensées. En fait, le trouble obsessionnel compulsif est la maladie au cours de laquelle le perfectionnisme est probablement le plus extrême. Elle finit par handicaper considérablement la vie de certains sujets qui n'ont pratiquement pas le temps de faire autre chose tant ils ont de rituels à effectuer, d'actions à répéter.

Perfectionnisme et dépression

L'idéal inatteignable

À force de courir après un idéal inatteignable et de placer sans arrêt la barre trop haut, vous risquez de perdre confiance en vous et de déprimer.

Séverine, 34 ans, est cadre dans une grande entreprise.

Il s'agit d'une jeune femme sérieuse, rigoureuse qui a très bien réussi dans ses études. Sur le plan professionnel, tout se passe bien, elle n'a jamais de reproches de ses supérieurs, bien au contraire, ses évaluations sont bonnes. Toutefois, Séverine est sans arrêt insatisfaite de son travail : « Regardez, Docteur, mon frère et ma sœur ont tous les deux une bien plus belle profession que moi. Moi je ne suis qu'un cadre à un niveau moyen, je pourrais faire beaucoup mieux. » Et Séverine entre dans un long discours auto-critique sur elle-même, m'expliquant qu'elle devrait atteindre des objectifs plus importants. D'ailleurs, elle essaie de le faire, elle prend des cours du soir, travaille le week-end et me consulte dans un état d'épuisement assez marqué. Elle commence à déprimer, à douter, à se dire qu'elle n'y arrivera jamais. Sur le plan familial, c'est la même chose, pourtant son mari lui dit tous les dimanches : « Repose-toi, Séverine, tu es sans arrêt en train de t'activer, ce n'est pas si grave si tout n'est pas parfait. » En effet, Séverine est également perfectionniste chez elle, avec son mari, son fils, la maison. Du coup, elle passe ses week-ends et ses soirées à ranger afin que « tout soit parfait ».

La difficulté de choisir

Les objectifs de Séverine sont nombreux et probablement inaccessibles. Même si elle a sûrement les capacités pour réussir dans beaucoup de domaines, Séverine n'a pas encore compris qu'elle doit faire des choix. Soit choisir peu de domaines dans lesquels elle réussirait parfaitement, en négligeant alors un peu les autres domaines de sa vie. Soit choisir de réussir un petit peu tous les domaines de sa vie, qu'il s'agisse de sa vie privée ou de sa vie personnelle, et dans ce cas-là admettre que l'on ne peut pas être premier en tout. Si on choisit la diversité dans nos investissements de vie, on consacrera moins d'énergie à chaque domaine que si on vit pour un seul domaine, le travail par exemple. À vouloir tout investir à fond et parfaitement, on risque, d'une part, la dépression par épuisement, d'autre part, la dépression par insatisfaction chronique. Il n'est pas possible d'être parfait dans tous les domaines, d'où cette insatisfaction de soi qui deviendra permanente, nous fera perdre confiance en nous et finira par nous déprimer.

Troubles alimentaires : la folie du poids idéal

Pourquoi aujourd'hui beaucoup de jeunes femmes se trouvent-elles trop grosses alors qu'elles ont un poids normal ?

L'index de masse corporelle (IMC) est une donnée médicale du poids dit normal qui nous permet de voir à quel point notre société a orienté les femmes vers un idéal de corps qui est en fait un corps anorexique.

Comment calculer votre index de masse corporelle ?

Divisez votre poids en kilos par votre taille en cm au carré.

Exemple si vous pesez 54 kilos et que vous mesurez 1,61 m, vous calculerez votre IMC de la façon suivante IMC = $54/1,61^2$ = $54/2,59$ = 20,8

Si votre IMC se situe entre 20 et 25, il correspond à la norme sachant qu'il peut augmenter avec l'âge et qu'il est souhaitable d'être un peu plus proche de 20 si vous êtes plus jeune et de 25 si vous êtes plus âgé.

Si votre IMC est inférieur à 20, vous êtes en souspoids. S'il est inférieur à 18, vous souffrez peut-être d'anorexie mentale, vous présentez peut-être un poids insuffisant. Parlez-en à votre médecin.

Si votre IMC est entre 25 et 30 vous souffrez de ce que l'on appelle un surpoids, c'est-à-dire que vous mettez en danger à long terme votre corps et il est nécessaire pour vous de redescendre en dessous de 25. Consultez votre médecin pour perdre du poids. À la différence de sujets souffrant d'obésité, vous n'êtes pas encore malade, mais vous risquez de le devenir.

Si votre IMC est supérieur à 30, vous souffrez d'obésité vraie et il est nécessaire pour vous de consulter.

La plupart des jeunes filles que je suis en consultation et dont je calcule l'IMC ont un IMC inférieur à 20.

Une étude[1] effectuée chez des patientes souffrant d'anorexie mentale montre que ces femmes, après guérison, présentent un niveau de perfectionnisme beaucoup plus élevé que la moyenne.

Sabine : « Je suis confrontée tous les jours à un perfectionnisme qui m'empoisonne la vie. Je ne veux plus faire vivre tout cela à mes proches, à mon conjoint, à notre fille. Je m'interroge sans arrêt sur tout ce que je fais, sur ce que

---

1. Srinivasagam N. M., Kaye W. H., Plotnicov K. H., Greeno C., Weltzin T. E. et Rao R., « Persistent perfectionism, symetry, and exactness after long-term recovery from anorexia nervosa », *American Journal of Psychiatry*, 1995, 152, p. 1630-1634.

les autres en pensent, je ne me sens jamais capable de rien, je culpabilise au sujet de tout… »

Sabine poursuit : « De sept à quatorze ans, j'ai fait de la danse en compétition à un niveau régional. J'étais sans arrêt obsédée par mon poids car je savais que, pour devenir professionnelle, il ne fallait pas que je grossisse. Mes parents se sont tous les deux épanouis dans le sport. Ils sont devenus des sportifs de haut niveau. Ma sœur aussi. Mais à quatorze ans, alors que j'étais championne régionale dans mon domaine, le spécialiste du dos m'a annoncé que je devais arrêter toute compétition. Pour moi, ce fut une catastrophe. En plus, à cette époque, j'avais pris un peu de poids. J'étais un peu boulotte, ce qui aggravait mes problèmes de dos et commençait à susciter des remontrances de la part de mes professeurs de danse. Ils n'arrêtaient pas de me parler de régime. C'est alors que j'ai commencé à surveiller mon poids et mon alimentation. Actuellement, si à 33 ans, je n'ai plus vraiment de phases d'anorexie et de boulimie, je reste une obsessionnelle du poids. Mes exigences sont très fortes. Je me fixe un poids à 52 kilos pour 1,70 m. Je ne dois faire ni plus ni moins. Malheureusement, je n'arrive pas à contrôler ce poids qui varie sans arrêt, descendant parfois à moins de 50 kilos remontant parfois à plus de 75… Mon humeur va d'ailleurs dans le même sens. Lorsque mon poids augmente, je déprime, lorsque mon poids diminue, je suis en forme. »

Thérapeute : « Vous disiez que lorsque votre poids augmentait : vous aviez tendance à déprimer ? »

Sabine, les larmes au bord des yeux, ajoute : « Oui, d'ailleurs mon premier amour m'a quittée parce qu'il me trouvait trop grosse. J'ai alors compris que, pour être attirante, je devais être maigre et surtout ne pas prendre de poids. Mes exigences sur mon corps sont devenues totalement intransigeantes, dès que je prenais 500 grammes, j'avais peur d'être abandonnée par mon conjoint. »

Sabine vient de comprendre qu'elle s'est conditionnée précocement à l'idée suivante : «Lorsque mon poids augmente, on m'abandonne.» Selon elle, trois de ses conjoints l'ont quittée lorsqu'elle a pris du poids. «Lorsque je maigris, on m'aime et on reste avec moi», poursuit-elle. Heureusement, Sabine a décidé de faire une thérapie et a compris qu'elle avait d'autres choses aimables que son poids et la forme de son corps. Elle a aussi compris que ses conjoints ne l'avaient pas quittée à cause de son poids. C'est elle qui avait donné cette explication à leur départ. Elle avait tendance à projeter ses exigences dans les résultats de sa thérapie qu'elle voulait à tout prix parfaite elle aussi. Les perfectionnistes peuvent d'ailleurs rester des années en thérapie cherchant un résultat thérapeutique parfait et idéal. Nous verrons dans le chapitre 10 «Les clés du bon perfectionniste», page 138, comment éviter ces thérapies interminables aux patients perfectionnistes.

L'hyperactivité

Sabine présente un autre problème que vous avez probablement si vous êtes très exigeant avec vous-même qui est l'intolérance à l'inactivité. Elle ne peut pas se reposer, se détendre, elle se l'interdit. Quand, de temps en temps, le week-end, elle prend un moment pour s'asseoir sur le canapé, elle dit : «Je suis mal dans ma tête, je me dis ; tu ne fais pas ceci-cela, ranger la maison, tout ce que tu as à faire. Et je me sens culpabilisée… Dans ces moments-là, je suis tellement mal que même mon conjoint m'énerve. S'il est en train de se détendre en lisant tranquillement, j'ai tendance à le rabrouer, à l'engueuler en lui disant : "Qu'est-ce que tu fais ? Avec tout ce qu'il y a à faire dans la maison !" Il me répond alors tranquillement qu'effectivement il y a des choses à faire et qu'il les fera ensuite mais qu'il a besoin d'un moment de détente. Lui sait se détendre, alors que, moi, je ne sais pas. Je me rends alors compte que c'est moi qui suis trop exigeante, j'ai honte, je m'excuse auprès de lui. »

Les problèmes de dépendance

Les dépendances peuvent concerner de nombreux produits. J'évoquerai essentiellement la dépendance à l'alcool, à la cocaïne et à l'informatique. Nous verrons que ces problèmes de dépendance peuvent être liés à un perfectionnisme excessif.

➤ *Avec l'alcool, je relâche la pression intérieure*

Contrairement aux idées reçues, les personnes présentant des problèmes d'alcoolisme ne sont pas toujours les sujets débridés que l'on croit. Il s'agit au contraire plus souvent de sujets inhibés, ayant un fort sentiment de culpabilité et souhaitant avoir le contrôle d'eux-mêmes lorsqu'ils ne sont pas sous l'emprise d'alcool.

L'alcool leur sert de désinhibiteur pour sortir de ce côté introverti. Ils peuvent ainsi affronter les autres plus facilement. L'alcool serait pour eux une façon de faire diminuer cette pression intérieure.

Mais, entre les épisodes d'alcoolisation, on rencontre beaucoup de personnes qui sont de grands perfectionnistes. Leur perfectionnisme les conduit souvent à ne pas vouloir reconnaître qu'elles ont un problème d'alcool. C'est ce que l'on appelle le déni. Ce perfectionnisme les empêche d'autant plus de se soigner qu'elles considèrent qu'elles doivent elles-mêmes se sortir de leur problème et ne veulent pas demander ou accepter une aide extérieure. D'ailleurs, dans les groupes de parole des associations d'anciens buveurs, l'idée d'apprendre à se satisfaire de résultats corrects sans qu'ils soient parfaits est souvent développée. Les programmes de désintoxication alcoolique et la psychothérapie mettent l'accent sur la nécessité de s'en remettre plus passivement à la vie et de moins chercher à contrôler les choses.

Le traitement des personnes dépendantes à l'alcool demande une attitude très responsable et une prise en charge active en se faisant aider par des professionnels. Ils pourront éviter ainsi les deux écueils la toute-puissance : « Je vais m'en sortir seul, je n'ai pas besoin de personne », ou l'attitude défaitiste : « De toute façon il n'a rien à faire, je n'y arriverai pas. » Ces traitements sont longs, difficiles, les rechutes peuvent faire partie de l'évolution et ne doivent pas décourager. Les perfectionnistes, en se fixant des objectifs trop élevés en matière de sevrage risquent de douter d'eux dès la moindre rechute et de ne pas aller au bout du soin. D'où la nécessité de leur apprendre à s'encourager de leurs efforts.

Autre paradoxe chez le patient dépendant à l'alcool, la notion de perte de contrôle. Lorsqu'on voit une personne alcoolisée, on peut bien se rendre compte qu'elle a perdu le contrôle d'elle-même et de ses actes, ce qui peut d'ailleurs avoir des conséquences effroyables. Il faut comprendre qu'en fait paradoxalement cette même personne a une peur terrible de perdre le contrôle. C'est le cas du perfectionniste qui a besoin de tout contrôler, de tout maîtriser, sa vie mentale, ses émotions. Comme ce n'est pas tenable, au bout d'un moment, tout explose et l'alcool peut alors être le moyen de perdre le contrôle sur ses émotions. C'est souvent lorsqu'elles ont bu que les personnes qui souffrent de dépendance à l'alcool osent dire vraiment ce qu'elles ont sur le cœur et ce qu'elles ressentent. Malheureusement, ce moyen n'est pas une solution, puisque la perte de contrôle sous alcool va encore plus les culpabiliser : « Tu vois bien, tu n'as pas été capable de te tenir correctement au cours de cette soirée ou devant tes enfants… » Ceci ne fera que renforcer la culpabilité et la croyance que je ne suis pas capable de garder le contrôle de mes actes. On le voit, la personne dépendante à l'alcool est prise dans un cercle vicieux : plus il cherche à garder le contrôle, plus sa pression intérieure monte, plus il boit, plus il perd le contrôle, plus il se sent coupable, plus il boit…

Le problème de la dépendance à l'alcool rejoint donc celui du perfectionnisme. Le perfectionnisme est bien une tentative de garder le contrôle sur les choses. Et comme le résultat parfait est illusoire, plus on est perfectionniste, plus il faut l'être encore, plus on a la terreur de la moindre erreur, car celle-ci traduit une perte de contrôle.

➤ *Je prends de la coke pour me sentir toujours au top*

Au départ connue comme un psychostimulant permettant de redoubler nos capacités, certains jeunes cadres, dans les années 1980, se sont laissé prendre à la dépendance. Cela existe aujourd'hui encore bien sûr.

La cocaïne laisse penser qu'on est capable de faire beaucoup de choses, d'abolir les limites et, si l'on est perfectionniste, qu'on va pouvoir réaliser tout ce que l'on désire.

Il s'agit donc comme pour l'alcool d'un perfectionnisme excessif maintenu par la drogue qui prend le sujet au piège puisque son seul moyen pour rester performant sera de continuer à absorber de la cocaïne. Effectivement, dès qu'il arrête, il retrouve un régime de croisière standard semblable à beaucoup de ses concitoyens, qui lui paraît insignifiant. Cela ne lui apporte pas l'estime de lui-même qu'il ressent lorsqu'il est sous cocaïne et qu'il se perçoit magiquement comme un être ayant de fortes capacités.

➤ *Le technostress*

Ce terme recouvre les facteurs de stress liés à la haute technologie. Le zéro défaut de l'informatique convient bien au perfectionniste. En effet, comme le perfectionniste fonctionne de manière binaire en tout ou rien, la binarité 0 ou 1 est la base des programmes informatiques. Deuxièmement, il fonctionne en recherche constante d'amélioration comme dans le domaine de l'informatique où il suffit d'attendre un an pour obtenir à moitié prix la même machine ! L'accélération en permanence des performances est bien illustrée par l'Internet à haut débit. L'erreur n'est pas permise, ni pour l'ordinateur ni pour le perfectionniste. L'ordinateur vous laisse penser d'ailleurs que la vie pourrait être sans erreur. Et c'est là que certains perfectionnistes vont trouver dans l'informatique un moyen de satisfaire leurs pulsions, leur idée qu'il est possible de tout faire parfaitement. Certains deviennent des drogués de l'informatique. Ils font tout sur leur ordinateur portable qui ne les quitte plus, y compris les choses les plus simples qui pourraient être faites en une seconde avec un papier et un crayon. Malheureusement, ceci a souvent comme effet secondaire de les éloigner de la relation humaine et de les enfermer dans un rapport à l'ordinateur à l'exclusion du reste du monde. Bien sûr, le problème n'est pas dans l'informatique elle-même, si utile à bon nombre d'entre nous, mais dans le style d'utilisation qu'en fait le perfectionniste.

En conclusion : le perfectionnisme, lorsqu'il est excessif, peut devenir une source de problèmes psychologiques assez variés comme nous venons de le voir. Surtout, il constitue un handicap dans le traitement de ces troubles. Il va alors être nécessaire de le diminuer pour avoir des résultats sur la durée. Les méthodes pour diminuer un perfectionnisme excessif sont largement présentées dans le chapitre suivant.

QUATRIÈME PARTIE

Comment être un bon perfectionniste

Les clés
du bon perfectionniste

Les trois premières parties de ce livre vous ont peut-être permis de découvrir ou de vérifier que vous aviez une tendance à un perfectionnisme excessif et que celui-ci a des conséquences sur votre vie. Vous avez aussi compris que vous pouvez changer. Et vous le souhaitez. Mais comment ? Tout d'abord en gardant à l'esprit que le bon perfectionnisme est l'alliance entre une bonne tolérance de soi et des objectifs personnels accessibles. Car il ne s'agit pas bien sûr de renier tout perfectionnisme. Nous avons vu que c'est aussi une qualité, un moteur, une force. Tout est une question de dosage, et d'équilibre.

Au fond, les questions à vous poser sont les suivantes : quel est le but de mes actions ? Être toujours plus exigeant et insatisfait ? Ou bien dois-je apprendre à être plus modeste dans mes ambitions et plus facilement satisfait ?

Si les objectifs d'un traitement du perfectionnisme semblent assez clairs, sa réalisation reste difficile. Car le perfectionnisme apporte également, comme nous l'avons vu précédemment, beaucoup de bénéfices personnels et sociaux. Il faut que vous en preniez bien conscience pour parvenir à réellement vous en dégager.

Je vous propose une méthode faite toute de patience et de persévérance. C'est de cette façon que vous trouverez le courage de l'appliquer malgré les difficultés, et surtout que vous obtiendrez un résultat durable.

Afin de vous aider, j'ai regroupé les pistes sur lesquelles vous pouvez engager un travail en cinq clés ou étapes. Cette présentation se veut pédagogique. Ne soyez pas trop perfectionniste dans votre attitude, sachez passer d'un paragraphe à l'autre, d'une clé à l'autre et adapter ce chapitre à vos besoins personnels. Toutefois, l'ordre de présentation des cinq clés n'est pas anodin. Il correspond à celui que nous utilisons le plus souvent en psychothérapie, même si nous avons fréquemment besoin de l'adapter et de le personnaliser en fonction des besoins de chacun. Faites-en de même.

Clé 1
Prenez conscience des pièges
de votre perfectionnisme

➤ *Examinez les domaines*
dans lesquels vous êtes trop perfectionniste

C'est contre le côté envahissant de votre perfectionnisme qu'il va falloir lutter. Être perfectionniste dans certains domaines peut être tout à fait adapté. Mais si vous l'êtes trop, et dans tout, il va falloir le diminuer.

Établissez une liste des différents domaines où s'exerce votre perfectionnisme.

Voici par exemple la liste de Nadia :
Je suis trop perfectionniste dans les domaines suivants :
– *Premièrement : moi.* Surtout en ce qui concerne mon corps (je ne supporte pas la moindre petite rondeur ou le

moindre défaut physique), ma tenue vestimentaire doit être parfaite, mon maquillage, et ma coiffure aussi…

- *Deuxièmement : mes enfants.* Je dois leur apporter une éducation irréprochable, je ne veux pas qu'ils disent des gros mots devant les invités, je veux qu'ils partent pour l'école toujours parfaitement habillés, je veux qu'ils soient dans les premiers de la classe afin d'avoir une bonne vie professionnelle plus tard.
- *Troisièmement : mon travail et mes études.* Je dois être performante au travail. Je ne dois avoir aucun reproche de la part de mon supérieur. Lors de mes études, j'ai toujours cherché à être dans les premières.
- *Quatrièmement : mon couple.* Mon conjoint doit être irréprochable, il doit m'écouter lorsque j'en ai besoin, être fidèle, toujours attentif et amoureux.
- *Cinquièmement : ma maison.* Elle doit être rangée en permanence, surtout si nous avons un invité, mais quelqu'un peut toujours venir à l'improviste. Je passe aussi beaucoup de temps à la décoration. Lorsque je reçois, ma table doit être parfaite.
- *Sixièmement : ma famille.* Je dois être gentille avec mes parents, aller les voir très régulièrement. Nous devons avec mon mari leur montrer une famille sans problèmes, où tout va bien …

Après avoir fait votre liste, demandez-vous, comme Nadia, dans quel domaine vous pouvez le plus facilement être un peu moins perfectionniste. Nadia a choisi de diminuer d'un quart son perfectionnisme pour le ménage. Il lui a semblé que c'était sur ce point qu'elle arriverait le plus facilement à gérer l'abaissement de ses exigences. Elle ne voulait toucher ni à son corps, qui reste l'objet essentiel de son angoisse, ni à ses enfants, à son couple, à son travail ou à sa famille.

Ainsi, Nadia a décidé qu'elle consacrerait six heures par semaine au ménage et au rangement de sa maison au lieu des huit heures habituelles. Cette diminution d'un quart du temps passé au ménage lui a permis de garder malgré tout une maison présentable. Il aurait été irréaliste de ma part de lui demander de ne plus ranger sa maison du tout.

Attention de ne pas retomber dans les mécanismes du tout ou rien dont nous avons déjà parlé et qui sont précisément caractéristiques du perfectionnisme. Beaucoup de perfectionnistes veulent tout changer d'un coup, se découragent et finalement ne changent rien. C'est un piège à éviter. Il est préférable de ne changer que dans un seul domaine à la fois, le plus facile et en partie seulement. Une diminution d'un quart de vos exigences dans un domaine est déjà une victoire. C'est votre premier coup de hache dans la bûche du perfectionnisme.

➤ *Soyez lucide sur les avantages que vous retirez de votre perfectionnisme*

Question en apparence surprenante après tout ce que nous venons de dire sur les pièges du perfectionnisme. Mais si vous êtes perfectionniste depuis des années, vous avez peut-être trouvé des avantages à l'être. Nous avons par ailleurs vu que le perfectionnisme est, lorsqu'il est modéré, source de performances individuelles et donc d'estime de soi. Il est également très apprécié par nos sociétés modernes.

Pour changer, il est nécessaire de bien prendre conscience des avantages du perfectionnisme. Pour vous aider dans cette tâche, voici la liste des aspects positifs, que Jérémy, 34 ans, à la tête d'une petite entreprise de menuiserie qui comprend dix salariés, trouve dans son perfectionnisme :

– J'ai une grosse clientèle, mes clients sont très satisfaits car ils trouvent que mon travail est très bien fait.
– J'ai gagné pas mal d'argent.
– Je ne reçois que très rarement des reproches, dans ma vie personnelle.

Faites comme Jérémy, dressez votre propre liste des côtés positifs de votre perfectionnisme.

➤ Mesurez les inconvénients de votre perfectionnisme

Vous allez ensuite dresser la liste des inconvénients de votre perfectionnisme. Reprenons l'exemple de Jérémy. Je lui ai demandé quels étaient ou seraient les inconvénients à court, moyen et long terme de son perfectionnisme.

Les réponses de Jérémy ont été les suivantes :

– Ma fatigue, mon stress et mes insomnies, pour lesquels je vous ai consulté, et qui vont certainement se poursuivre et même peut-être s'aggraver.
– Je vais m'épuiser car je passe beaucoup de temps à être parfait.
– Je ne suis jamais très satisfait de moi et je risque d'être de plus en plus négatif.
– Linda, mon épouse, va certainement de plus en plus mal supporter mon intransigeance.
– Jules, mon fils, va certainement mal le tolérer et cela risque de nous poser d'autres problèmes de couple…

➤ Comparez avantages et inconvénients

Je vous conseille, afin de bien visualiser cet exercice, de le présenter comme Jérémy l'a fait sous forme de tableau :

Avantages	Inconvénients
– J'ai une grosse clientèle, mes clients sont très satisfaits car ils trouvent que mon travail est très bien fait. – J'ai gagné pas mal d'argent. – Je ne reçois que très rarement des reproches, dans ma vie personnelle.	– Ma fatigue, mon stress et mes insomnies, pour lesquels je vous ai consulté, et qui vont certainement se poursuivre et même peut-être s'aggraver. – Je vais m'épuiser car je passe beaucoup de temps à vouloir être parfait. – Je ne suis jamais très satisfait de moi et je risque d'être de plus en plus négatif. – Linda, mon épouse, va certainement de plus en plus mal supporter mon intransigeance. – Jules, mon fils, va certainement mal le tolérer et cela risque de nous poser d'autres problèmes de couple…

Il s'agit ensuite d'évaluer les avantages et les inconvénients de votre perfectionnisme. Combien en avez-vous dans chaque colonne ? Vous y trouvez probablement des avantages, c'est pour cela que vous êtes perfectionniste. Mais si, comme Jérémy, les inconvénients sont plus importants que les avantages, vous avez sans doute intérêt à poursuivre votre démarche.

Clé 2 :
Imaginez-vous « moins parfait »

▶ *Et si vous étiez moins perfectionniste ? :*
quels seraient les avantages et les inconvénients ?

Essayez de vous imaginer dans votre nouvelle vie avec un peu moins de perfectionnisme. Comment vous sentiriez-vous ainsi ? Voici les réponses de Jérémy à cette question :

Avantages	Inconvénients
– Je serai moins stressé. – Je ne perdrais pas mes clients car mon travail serait encore assez bien fait. – Linda sera certainement contente de voir mes efforts. – Elle sera certainement moins énervée par ma rigidité. – Mes relations avec Mon fils Jules seront meilleures.	– J'ai peur de changer car le changement c'est l'inconnu, ce sera peut-être pire. – J'aurais l'impression de trahir les règles que mon père m'a apprises.

➤ *Placez la barre moins haut*

En suivant à la télévision une compétition de saut à la perche, j'ai un peu mieux compris le risque d'échec qui nous guette lorsque nous plaçons la barre trop haut.

Au saut à la perche, c'est le compétiteur qui fixe lui-même la hauteur de la barre à partir de laquelle il va commencer à sauter. Par exemple, un athlète qui sait qu'il peut passer aux environs de 5,90 m va commencer à sauter avec une barre à 5,70 m puis, en cas de réussite, il montera la hauteur de sa barre de 5 cm en 5 cm.

Si le compétiteur, afin d'assurer des résultats, commence avec une barre à 5,50 m, il risque de s'épuiser, d'arriver fatigué, lorsque la barre sera autour de 5,90 m. D'un autre côté, s'il commence à sauter beaucoup plus haut à partir de 5,80 m, afin de garder toute son énergie pour les derniers sauts les plus importants, il prend le risque d'échouer dès sa première hauteur, d'être totalement éliminé du concours et de se retrouver dernier.

Dans ce sport, la stratégie est assez importante. Soit vous assurez un minimum de résultats en commençant bas. Vous aurez peu de chances, d'être premier, ceux qui ont commencé un peu plus haut que vous, ayant plus de force à la fin des concours vous passerez peut-être devant. Soit vous commencez d'emblée par une barre haute et gardez votre énergie pour la fin du concours, mais vous risquez alors de tout perdre.

En voyant cela, alors que je ne connaissais pas ce sport, j'ai été frappé par l'intérêt que cela m'apportait pour mieux comprendre mes patients qui souffrent d'exigences élevées.

En général, vous placez la barre tellement haut que vous allez d'échec en échec et d'insatisfaction en insatisfaction. Vous attribuez ces échecs à un manque de compétences alors qu'en fait vous avez placé la barre trop haut. En réalité, cet échec n'enlève rien à votre valeur. Il faut réussir à vous dire : « J'ai échoué car j'ai placé la barre trop haut, mais cela ne retire rien à ma valeur personnelle. Je vais abaisser un petit peu le niveau de mes exigences personnelles pour les ramener à ce que je peux réellement atteindre au lieu de les laisser à un idéal. » Vous serez alors beaucoup plus satisfait de vous-même.

Sylvain nous donne un exemple avec l'extrait de consultation suivant :

SYLVAIN : « Je suis un raté, je n'y arriverai jamais. »

THÉRAPEUTE : « Qu'est-ce qui vous fait dire cela ? »

SYLVAIN : « J'ai échoué au bac. »

THÉRAPEUTE : « Pourquoi ? »

SYLVAIN : « Je ne me suis pas présenté. »

THÉRAPEUTE : « Pourquoi ne vous êtes-vous pas présenté ? »

SYLVAIN : « Parce que je n'étais pas sûr d'avoir la mention très bien. »

THÉRAPEUTE : « Pourquoi voulez-vous avoir la mention très bien, Sylvain ? »

SYLVAIN : « Parce que je veux entrer dans une grande école, la meilleure si possible. »

THÉRAPEUTE : « Quelle était votre moyenne au cours de la terminale ? »

SYLVAIN : « 13/20, c'est bien pour cela que je n'étais pas sûr d'avoir la mention très bien. »

THÉRAPEUTE : « Si vous aviez passé le bac, à votre avis quelle mention auriez-vous pu avoir compte tenu de votre classement dans l'année ? »

SYLVAIN : « Bien ou assez bien. Probablement autour de 13, peut-être un peu moins, peut-être un peu plus, mais de toute façon cela ne m'aurait pas permis d'entrer dans la grande école que je souhaite, la seule valable, car il faut la mention très bien. »

THÉRAPEUTE : « Mettriez-vous dans le même sac les élèves qui réussissent le bac sans mention ou avec une mention assez bien et ceux qui l'ont raté ? »

SYLVAIN : « Non, bien sûr, les derniers doivent repasser leur bac. »

THÉRAPEUTE : « Vous semblez ne pas faire de différence entre le mauvais, le moyen, l'assez bien, le bien et le très bien. Vous, si vous n'avez pas de mention très bien, vous préférez ne pas vous présenter et ne pas avoir votre bac, vous mettez du coup dans le même sac ceux qui ont échoué. Qu'en pensez-vous ? »

SYLVAIN : « Je sais, ce n'est pas très rationnel, mais, pour moi, soit je réussis parfaitement, soit je préfère ne pas faire. »

On peut ici utiliser la technique du curseur qui symbolise cet apprentissage du sens de la nuance que les perfectionnistes doivent faire :

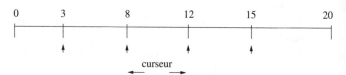

Vous pouvez déplacer votre curseur en fonction de vos objectifs et de vos résultats entre 0 et 20 afin de comprendre qu'il a une bonne vingtaine de positions et pas uniquement deux au 0 et au 20.

Pourquoi il est difficile
de mettre la barre moins haut

• Le frein des émotions.

Une forte angoisse risque de surgir lorsque vous envisagerez de diminuer le niveau de vos exigences. C'est un frein important. Beaucoup de perfectionnistes sont totalement terrifiés à l'idée de diminuer leurs exigences. Ils ont l'impression qu'ils vont tout perdre, qu'ils ne savent pas du tout où ils vont aller, qu'on va les rejeter s'ils ne sont pas parfaits. Aussi, au moment de prendre le risque de diminuer leurs exigences, ils vont s'inquiéter. Cette angoisse est le résultat des pensées négatives qui vont vous empêcher de changer.

• Le frein des pensées négatives.

Voici les principales pensées qui vous viennent à l'esprit lorsque vous envisagez de baisser le niveau de vos exigences :

– Je trahirai les valeurs que l'on m'a enseignées.
– Mon employeur va me mettre dehors, il y a tellement de gens au chômage.
– Mes amis vont mal me juger, me trouver trop négligent.
– Personne ne fera les choses à ma place et tout ira de travers.
– Tous ceux qui m'entourent sont habitués à ce que je donne le meilleur de moi-même. Ils n'accepteront pas que je change.

- Je vais être terriblement stressé car mon perfectionnisme me rassure.
- Je ne saurai pas quoi faire si je suis moins exigeant.
- À quoi cela sert de garder du temps pour soi, il est bien plus utile au service des exigences.
- Les autres vont me passer devant.
- On dira du mal de moi et je ne le supporterai pas
- Je ne maîtriserai plus rien, il pourra m'arriver des choses auxquelles je ne pourrai pas faire face.

Ces pensées agissent comme un frein à main levé. Elles vous empêchent d'avancer. Levez le frein à main de vos pensées négatives. Rendez-vous compte que ce ne sont que des opinions. Si vous les vérifiez, vous vous apercevrez peut-être des erreurs dans lesquelles ces pensées vous ont induit.

➤ *Soyez moins exigeant envers vous-même*

En modifiant vos filtres de pensées, en luttant contre le tout ou rien, en ne regardant plus la vie en noir et blanc, en passant à la couleur…

Magali souffre d'angoisse d'abandon. Elle a déjà fait quatre ans de psychanalyse et souhaite maintenant faire une thérapie cognitive pour résoudre ce problème.

Au cours d'une séance, Magali rapporte un exemple qu'elle vient de vivre la veille. Au chômage depuis six mois, Magali s'est présentée extrêmement stressée à un entretien d'embauche. Elle était très motivée, le poste lui paraissait tout à fait intéressant, elle avait toutes les qualifications et compétences pour l'occuper. Elle a donc préparé longuement cet entretien. Mais, lorsque je lui demande ce qu'il s'est passé, elle répond : « Docteur, j'ai un gros doute. J'ai bien vu que le directeur des ressources humaines regardait ailleurs au moment où il m'a raccompagnée à la porte. Je me suis alors sentie très mal et je me suis dit que ma candidature était foutue et ne l'intéressait pas vraiment. »

THÉRAPEUTE : « À part ce moment où le directeur des ressources humaines a regardé ailleurs en vous disant au revoir, comment s'est déroulé le reste de l'entretien ? »

MAGALI : « Justement, c'est là que je me suis sentie déstabilisée, car l'entretien s'était très bien passé. Il a été très chaleureux, m'a posé beaucoup de questions et a paru très intéressé par ma candidature. »

THÉRAPEUTE : « Pouvez-vous me donner quelques exemples de phrases qui montrent son intérêt pour votre candidature ? »

MAGALI : « Oui, il m'a dit que j'avais tout à fait le profil qu'il cherchait, que j'avais le bon âge, que j'étais mobile. Il a ajouté que mon curriculum vitae montrait que j'avais une expérience dans le domaine… »

Il a presque fallu que j'arrête Magali dans toutes les phrases positives qu'elle rapportait du responsable des ressources humaines. Et pourtant Magali n'avait retenu que les deux dernières secondes de l'entretien, le moment où le responsable lui avait dit au revoir en regardant ailleurs.

Je demande alors à Magali : « Combien de temps a duré l'entretien ? »

MAGALI : « Une demi-heure en tout. »

THÉRAPEUTE : « Combien de temps a duré le moment où le recruteur ne vous a pas regardée en disant au revoir ? »

MAGALI : « Environ deux secondes. »

THÉRAPEUTE : « Si je comprends bien pendant deux secondes sur une demi-heure vous avez eu l'impression d'avoir un mauvais contact, alors que pendant 29 minutes et 58 secondes vous aviez au contraire eu l'impression que votre candidature correspondait bien ? »

MAGALI : « Oui, Docteur », répond-elle surprise.

THÉRAPEUTE : « Si on calcule en pourcentage, deux secondes sur une demi-heure cela représente environ 0,1 % du temps durant lequel l'entretien s'est mal passé et, 99,9 % du temps qui s'est bien passé. »

MAGALI : « Oui », répond-elle en souriant cette fois-ci et en ajoutant : « Vous savez, Docteur, à quel point je suis perfectionniste, si tout ne marche pas parfaitement je suis vite inquiète. »

Magali n'a retenu qu'une toute petite partie négative de l'entretien et a complètement zappé sur la grande partie positive de ce dernier. On nomme ce mécanisme abstraction sélective : cela consiste à n'extraire que le négatif d'une situation globalement positive.

Si vous êtes trop exigeant, comme l'est Magali, il sera donc important pour vous de limiter un petit peu vos attentes et de ne plus chercher le 100 %.

➤ *Apprenez la nuance*

Vous vous souvenez peut-être que nous avons étudié dans le chapitre « Des filtres de pensées », page 43, un mécanisme dichotomique en tout ou rien qui est très fréquent chez les perfectionnistes. Ils voient les choses en noir et blanc, aux extrêmes, et n'ont plus le sens de la nuance. Il va donc être très important d'apprendre ce sens de la nuance.

– Faites attention aux mots que vous employez, évitez les mots généralisateurs comme toujours, jamais, nul, raté…
– Apprenez à nuancer vos jugements.
– Apprenez à utiliser la méthode des continuums cognitifs.

Voici l'exemple que j'ai utilisé avec Sylvain. J'ai d'abord demandé à Sylvain comment il définissait un homme parfait. Il m'a répondu : « Quelqu'un qui a réussi profession-

nellement, qui est sympathique, qui a du cœur, qui est tolérant, cultivé et serviable. » J'ai alors demandé à Sylvain de
tracer six axes en qualifiant chaque axe avec les deux mots
extrêmes.

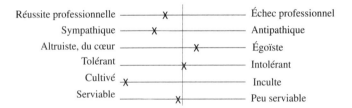

Et j'ai demandé à Sylvain de bien vouloir mettre un
trait sur chaque axe montrant selon lui où il se situait. Voici
sa réponse :

Et j'ai alors demandé : « Sylvain, en regardant ces
schémas considérez-vous toujours que vous êtes un raté ? »

SYLVAIN : « Non, c'est vrai, je ne suis pas nul, je ne
suis pas un raté sur tous les plans, j'ai tout de même certaines qualités », dit-il en souriant.

Sylvain visiblement était beaucoup moins mal en disant
cela.

Un des avantages de cet exercice est d'adopter un sens
de la nuance plus développé, de diminuer votre malaise et

de pouvoir réfléchir de manière plus rationnelle à des solutions beaucoup plus adaptées pour vous.

Sylvain a fini par comprendre qu'il n'y avait pas dans la vie que ceux qui avaient réussi les grandes écoles et ceux qui les avaient ratées. Il a pu envisager d'autres possibilités professionnelles. Trois ans plus tard, il m'envoie une carte pour la nouvelle année, me disant à quel point il est heureux maintenant. Il n'a pas fait une grande école. Ayant diminué ses exigences, il a pu intégrer une faculté et faire une formation diplômante dans laquelle il se sent totalement épanoui.

Vous avez maintenant acquis un certain sens de la nuance grâce à ces techniques des continuums cognitifs et vous ne voyez donc plus les choses en noir et blanc, mais en couleurs. C'est plus joli, n'est-ce pas ? Bravo ! C'est le premier pas très important qui va vous permettre d'accéder au changement. Il est maintenant nécessaire pour vous mettre dans des conditions de réussite, de réajuster vos objectifs et de baisser le niveau de cette barre en permanence inaccessible que vous vous êtes fixé jusqu'à maintenant.

➤ Qu'elle serait belle votre vie avec moins de perfectionnisme !

Il s'agit dans ces exercices d'imaginer votre vie si vous étiez un petit peu moins perfectionniste, avant de procéder à des changements.

J'ai demandé à Jérémy : « Comment se passerait votre vie si vous étiez moins perfectionniste ? » Jérémy répondit : « Je serais certainement beaucoup moins fatigué que maintenant, mon entourage serait soulagé car vraiment mon perfectionnisme excessif me crée des problèmes. Je pense que je serais globalement plus cool, je pourrais enfin me remettre à la musique que j'adore, j'ai été saxophoniste toute mon adolescence et depuis je suis tellement envahi par les obligations que je ne joue plus alors que plusieurs amis m'ont proposé récemment de rejouer avec eux… Je pourrais également me remettre un peu au foot, qui est une autre de mes passions. Même si je ne suis plus au même niveau, si je suis plus âgé, je pourrais peut-être jouer dans l'équipe des anciens joueurs du village… »

Le visage de Jérémy s'éclaire par un sourire au fur et à mesure qu'il se rappelle les émotions passées, lorsqu'il jouait de la musique ou au football. Jérémy a perdu contact avec ses vrais besoins depuis très longtemps, il va falloir l'aider à s'y intéresser à nouveau tout en étant bien sûr très réaliste puisqu'il n'a plus vingt ans.

Nous allons donc essayer de trouver les projets qui le ramènent à des émotions positives et qui sont adaptés à ses possibilités actuelles.

Clé 3 :
Consacrez-vous
à vos vrais objectifs de vie

➤ *Cherchez des modèles imparfaits*

Nous avons vu avec l'exemple de Sylvain qu'il était utile de revoir votre définition de l'homme parfait. Poursuivez cette réflexion avec l'exercice suivant. Avez-vous des alternatives à votre perfectionnisme ? Vous est-il possible de vous considérer comme une personne valable sans être parfait toujours et dans tout ?

En général, les patients souffrant d'exigences très élevées ont de la peine à concevoir d'autres règles de vie que la perfection. Ils pensent qu'il n'y a qu'une seule bonne règle et que c'est la leur.

Si vous êtes dans ce cas, posez-vous la question suivante : « Connaissez-vous autour de vous, des personnes qui présentent à vos yeux certaines qualités sans être de grands perfectionnistes ? »

Jérémy répond : « Oui, il y en a plusieurs. Mon supérieur n'est pas parfait et pourtant il est toujours directeur. Ma compagne a bien élevé son fils sans être toujours sur lui, elle est moins exigeante que moi. Et puis mon amie Bernadette qui est assez cool et pour qui j'éprouve une certaine admiration. »

Prenez bien le temps de faire cet exercice, faites une liste assez longue des personnes vous entourant qui paraissent avoir une certaine valeur sans être perfectionnistes. Demandez-vous quelles sont les qualités, les points positifs des personnes de votre entourage que vous appréciez sans qu'elles soient pour autant parfaites.

Jérémy m'a rapporté les listes suivantes.

Les qualités de mon directeur : patient, sait prendre du recul, sait dire non lorsque cela est nécessaire, sait déléguer et s'appuyer sur les autres, est efficace et pragmatique. Il préfère clore un dossier dans les temps demandés par le client même s'il n'est pas parfait.

Ma compagne est tolérante, surtout avec notre fils. Elle préfère passer du temps avec lui, même si la cuisine n'est pas rangée. Le samedi, elle me propose un moment à deux avant de terminer toutes nos obligations familiales. Mon amie Bernadette est une fonceuse. Elle ne fait pas tout parfaitement, mais elle est très efficace et sait voir le bon côté des choses. D'ailleurs, elle a fait une carrière fulgurante.

Il semble donc exister d'autres règles de vie que la vôtre, adoptées par d'autres personnes qui semblent être assez bien dans leur peau. Quelle serait pour vous une autre règle de vie acceptable ?

➤ *Interrogez-vous sur vos vrais objectifs de vie*

Votre perfectionnisme peut vous faire passer beaucoup de temps à des tâches mineures, vous conduire à négliger d'autres objectifs pourtant importants ou encore vous bloquer dans leur réalisation. Commencez par rechercher vos vrais objectifs de vie et comparez-les avec ce que vous faites vraiment dans votre vie quotidienne. L'objectif essentiel ici est de diminuer votre perfectionnisme lorsqu'il vous bloque, vous paralyse dans vos actions et vous empêche de vous réaliser vraiment.

Pour cet exercice, nous utilisons en psychothérapie une technique assez simple qui vous demande deux feuilles de papier et quelques jours d'observation.

• *Sur la première feuille, dressez la liste de ce qui est vraiment important pour vous : vos objectifs*

Prenez quinze minutes et répondez spontanément à la question suivante : « Qu'est-ce qui est vraiment important pour moi ? »

Énumérez alors tout ce qui est important pour vous à court, moyen et long terme, qu'il s'agisse de petites ou de grandes choses. Et ce dans tous les domaines de votre vie : affectif, amical, social, professionnel… Pour vous aider à faire cet exercice, vous pouvez prendre l'image suivante : « Si je devais mourir demain, qu'est-ce que je regretterais vraiment de ne pas avoir fait ? »

Et les premières choses qui vous viennent à l'esprit sont probablement les premières choses qu'il va falloir faire.

Voici la liste d'objectifs de vie de Julie :
– être une bonne mère,
– réussir mon couple,
– acheter une maison de campagne,
– voir mes amis,

– ne plus être débordée par les affaires courantes dans mon travail et pouvoir réaliser les tâches qui me tiennent le plus à cœur,
– être reconnue dans mon travail.

• *Sur la deuxième feuille, notez toutes vos activités pendant une ou deux journées.*

Voici la liste des activités de Julie :
– Je travaille huit heures.
– J'ai deux heures de trajet entre mon domicile et mon travail pendant lesquelles je lis des dossiers pour gagner du temps.
– Je m'occupe de la maison, du ménage, du repassage, en général le soir en rentrant chez moi et aussi le week-end.
– Je fais dîner mon bébé, ce qui est toujours un moment de crise, car il en met partout et cela m'énerve. Je suis obligée de tout nettoyer pendant plusieurs minutes.
– Je traite les factures le reste du week-end et parfois le matin avant de partir, je me lève plus tôt pour cela.
– Le soir, je suis exténuée par toutes mes activités et je vais me coucher dès que j'ai fini de dîner.

Notes (je vous présente ici les notes que Julie a ajoutées en bas de sa page) :

« Je n'ai aucun temps pour jouer avec mes enfants. Je ne m'occupe que du matériel, les faire manger, les habiller et les emmener à l'école. Je n'ai aucun temps pour faire des pauses avec mes collègues de travail. Elles prennent dix minutes ou un quart d'heure pour boire le café, mais moi j'ai toujours un dossier à finir, il n'est jamais assez bien fait, jamais assez parfait. Le soir, je ne dîne pas avec mon mari car j'ai en général du repassage, parfois je mets la table à repasser dans la cuisine pour pouvoir lui parler un petit peu mais je ne suis pas très attentive à ce qu'il me dit... En fait je me suis rendu compte avec cet exercice que je ne vivais pas du tout ce qui est important pour moi. […] Je passe beaucoup trop de temps à des tâches qui ne sont pas les plus importantes pour moi. »

Comme vous le voyez, la journée de Julie est celle d'une femme bien occupée, ce qui est tout à fait courant. Mais le problème ne s'arrête pas là. Non seulement les journées de Julie sont remplies, mais elle ne sait pas limiter toutes ses activités qui doivent toutes être parfaites. Aussi elle y passe beaucoup plus de temps que ce qu'elle devrait et du coup ne vit pas les choses les plus importantes pour elle.

Faites comme Julie. Reprenez maintenant vos deux feuilles de papier, votre liste d'objectifs d'un côté et vos activités réelles de l'autre, et posez-vous la question suivante : « Est-ce que ce que je fais au quotidien correspond à ce que j'ai vraiment envie de faire, à ce que j'ai noté dans ma liste d'objectifs ? »
Posez-vous également une seconde question : « Quelle est la quantité de plaisir que je vis au quotidien ? »

Il est fréquent que les personnes qui souffrent de perfectionnisme constatent que leurs activités quotidiennes ne correspondent pas à leurs objectifs de vie. Et également que la quantité de plaisirs qu'elles vivent au quotidien s'avère très faible.
Être perfectionniste ne permet pas toujours de mener sa vie comme on le souhaiterait. C'est un des grands paradoxes du perfectionnisme. Il semble être la clé de la réussite, mais n'est pas nécessairement celle de notre bonheur ni de nos vœux profonds.

➤ *Allez à l'essentiel*

L'objectif est maintenant de diminuer certaines de vos activités, les moins intéressantes et les moins plaisantes pour vous, et de leur substituer des activités qui correspondent mieux à vos objectifs.

Rappelez-vous que le perfectionnisme vous éloigne de vous-même. Alors, dites-vous non. Dites non à votre perfectionnisme, qui vous pousse toujours à faire plus. Fixez-vous un objectif plus accessible et qui correspond à vos aspirations personnelles.

Par exemple Jacques, qui passait beaucoup de temps sur ses dossiers a décidé de passer un tiers de temps de moins sur les dossiers les moins importants. Il s'est fixé comme objectif de traiter certains dossiers peu importants correctement et non plus parfaitement et de vérifier si son supérieur les acceptait tels quels. Il a d'ailleurs précisé à ce dernier : « Dites-moi bien si vous trouvez que le travail est correct et suffisant. » Ce tiers de travail en moins, sur les dossiers choisis par Jacques, représentait environ trois heures par semaine soit 5 % du total des activités professionnelles de Jacques.

Jacques eut la surprise de voir que son supérieur trouvait ses dossiers tout à fait corrects et suffisants. Alors qu'il s'attendait à des critiques de sa part.

« Il ne m'a fait aucune remarque, il m'a même dit que mon boulot était très correct et que je pouvais me consacrer à d'autres dossiers plus importants. »

Prenez conscience ici que le mieux est l'ennemi du bien et que cette façon de faire va vous faire gagner un temps précieux, que vous pourrez consacrer à d'autres choses plus importantes, correspondant mieux à vos objectifs de vie.

J'ai donc ensuite demandé à Jacques :

« Qu'allez-vous faire de ces trois heures par semaine que vous avez gagnées ? »

Dans la mesure où il s'agissait d'heures de travail, le comportement alternatif a été choisi dans le cadre du travail et Jacques m'a dit : « Je vais me consacrer à la préparation d'une réunion avec mes collègues que je souhaite depuis longtemps et que je n'ai jamais eu le temps de faire car je veux leur présenter un nouveau projet informatique pour le service. »

Et c'est ce que Jacques a fait. Il a préparé cette réunion, l'a organisée, a proposé les modifications informatiques souhaitées par ses collègues. Ceux-ci ont particulièrement apprécié et ont trouvé sa proposition fort utile. Son patron de son côté lui a fait remarquer qu'il trouvait que son temps était mieux utilisé ainsi.

➤ Relâchez la pression

Jean-Pierre, le nez dans le guidon

Jean-Pierre, 35 ans, souffre de stress, conséquence d'un perfectionnisme excessif. Selon lui, il doit répondre à toutes les demandes de son supérieur pour justifier son salaire. Il travaille dans un service de maintenance dans le domaine de l'énergie. Il part de chez lui à 7 heures 30 et rentre le plus souvent à 21 heures, alors qu'il est père de deux enfants en bas âge. Son épouse commence à se plaindre. Jean-Pierre a le nez dans le guidon, il ne sait plus comment s'en sortir. Il a peur pour son couple. Après une discussion avec sa femme, ils ont pris deux décisions. Se faire aider par une aide ménagère deux heures par semaine. Mais aussi prendre un moment en couple, sans contrainte, autour d'une activité qui leur plaise à tous les deux. Jean-Pierre pense qu'une soirée dans un petit restaurant ou au cinéma serait parfaite. Mais, me précise-t-il : « Mon patron risque de me demander une chose à la dernière minute, je ne pourrai pas lui refuser et alors je ne serai pas au rendez-vous de 19 heures avec ma femme. » Après quelques échanges, Jean-Pierre finira par prendre conscience du caractère exagéré de son fonctionnement. Son patron pouvant peut-être admettre qu'une fois par mois, il parte à 18 heures, pour autant que Jean-Pierre fasse son travail par ailleurs et réponde aux urgences avant de partir. Mais Jean-Pierre n'a jamais essayé car il n'ose pas demander à son patron de partir à 18 heures. Il n'a pas l'habitude de refuser, il pense que ce n'est pas possible.

➤ Apprenez à dire non

Si vous êtes perfectionniste et débordé, c'est peut-être parce que vous ne savez pas dire non.

Vos entourages professionnel et personnel vous mettent sur le dos énormément de choses que pourtant vous n'auriez pas à faire.

Il est important pour vous d'apprendre à dire non gentiment et calmement sans blesser l'autre et de manière affirmée.

Dire non au travail

Alors que vous faites déjà cinquante heures par semaine, votre patron, sachant parfaitement qu'il peut compter sur vous, vient vous en demander un peu plus. En effet, il sait qu'avec vous le travail sera bien fait grâce à votre perfectionnisme. Aussi est-ce à vous qu'il s'adresse en priorité :

Votre patron : « Je connais vos compétences pour la comptabilité. Comme vous le savez, Julie est en arrêt maladie jusqu'à la fin du mois et malheureusement je ne peux pas prendre d'intérimaire pour la remplacer. Vous savez également que la comptabilité de l'entreprise doit être, de manière impérative, terminée à la fin du mois. Aussi, cher Alain, je compte sur vous… D'ailleurs je sais que, comme d'habitude, je peux compter sur vous ! »

Si c'est comme cela que votre patron a l'habitude de vous parler et si vous avez tendance à ne rien répondre et à ruminer le soir en rentrant chez vous l'idée que vous êtes un idiot et que vous vous êtes encore une fois de plus laissé « fourguer » un travail qui ne vous revenait pas, alors il peut être important pour vous d'apprendre à répondre et à refuser le travail qui n'est pas le vôtre.

Par exemple, vous : « Je comprends, monsieur, que la comptabilité doive impérativement être terminée à la fin du mois. Je sais que Julie est malade et j'en suis le premier ennuyé. Toutefois, je préfère vous dire qu'il n'est absolument pas possible pour moi de faire le travail de deux personnes d'ici la fin du mois. »

Si votre patron insiste, sachez vous aussi, avec beaucoup d'empathie pour lui et de respect pour les besoins de l'entreprise, être persévérant et recherchez avec lui des solutions alternatives qui pourraient permettre de trouver une solution au problème.

Vous : « Vous savez, monsieur, je suis aussi ennuyé que vous par cette situation. J'ai le sens de l'intérêt de l'entreprise. Mais je sais aussi que si je fais trop de travail, je risque de mal le faire et de faire des erreurs et que ceci aura des conséquences pour moi, pour vous et pour l'entreprise. C'est pourquoi j'apprécierais beaucoup que vous puissiez chercher une autre solution. Même si, pour vous arranger, je veux bien prendre une partie du travail de Julie, la partie la plus urgente. Pourriez-vous alors dans ce cas-là me décharger d'une partie de mon travail afin que je ne sois pas en surrégime et que je reste efficace ? »

Ces réponses sont aidées par des techniques d'affirmation de soi que j'ai largement décrites dans un précédent livre[1]. Les principales méthodes pour refuser sont de dire non clairement avec persévérance. Utilisez aussi l'empathie, c'est-à-dire tenez compte de l'autre et de ses besoins. Ne vous justifiez pas trop. Sachez poser des limites, à vous-même et aux autres.

Dire non dans votre vie privée

Votre amie Annie connaît bien les avantages de votre perfectionnisme. Elle sait que vous êtes une maîtresse de maison parfaite qui avez un appartement parfaitement entretenu et qui avez l'art de recevoir vos amis avec une grande méticulosité. Ceux-ci ne tarissent d'ailleurs pas d'éloges à votre égard. Aussi Annie vient vous demander la chose suivante :

Annie : « Sylvie, tu sais, j'ai pensé que je pouvais fêter mes trente ans chez toi. Tu as un superbe appartement très grand qui permet de recevoir beaucoup d'amis et tu reçois tellement bien. Je sais que je peux compter sur toi et que, chez toi, les choses seront absolument parfaites. »

Si votre amie vous parle comme cela, il faudra peut-être lui répondre :

Vous : « Je comprends que tu aies cette idée (empathie), c'est vrai que je reçois très bien (acceptation du compliment et autosatisfaction). Mais je ne souhaite pas que tu fêtes tes trente ans chez moi (refus ferme sans justification). »

Et si votre amie insiste, sachez être persévérante sans lui donner de justification. En effet, vous avez le droit de poser vos limites aux autres, d'accepter ou non ce que vous ne voulez pas faire pour les autres sans avoir à vous justifier.

---

1. Fanget F., *Affirmez-vous*, Paris, Odile Jacob, 2002.

Se recentrer sur soi-même

Il est extrêmement important de refuser lorsque l'on est trop perfectionniste et que l'on a tendance à tout accepter de la part des autres.

Ceci va vous permettre d'éviter la saturation, de vous faire respecter par les autres, de vous recentrer sur vos besoins, et moins sur ceux des autres.

Tout ceci est ce que je nomme de l'intérêt porté à soi-même et non pas de l'égocentrisme. Si l'on vous reproche d'être égocentrique lorsque vous dites non, demandez-vous si l'on ne cherche pas à vous manipuler et si l'on vous respecte vraiment. Vous avez le droit de dire non, d'être fatigué, de ne pas recevoir les amis d'une amie chez vous et de ne pas faire le travail d'une collègue à sa place.

Tout ceci peut être refusé avec amabilité, empathie, respect des besoins de ceux qui vous entourent.

➤ *Tolérez une certaine dose d'imperfection*

Il s'agit de faire un premier pas pour sortir de votre perfectionnisme excessif et certainement pas de rechercher un changement radical d'un seul coup. Demandez-vous par exemple : « Que se passera-t-il pour moi si je conserve environ 90 % de mon perfectionnisme actuel et si j'accepte d'être un petit moins perfectionniste dans 10 % de ma vie ? » La perfection n'est peut-être pas aussi indispensable que vous le pensez. Non seulement il est nécessaire de faire moins de choses, mais il est également nécessaire de les faire moins parfaitement.

Je vous conseille de ne pas vous précipiter, d'être tolérant avec vous-même dans ce travail car, s'il est vrai qu'on peut changer, on ne change pas du jour au lendemain.

Reprenez la liste d'activités que vous avez déjà faite et notez de 0 à 100 le degré de perfectionnisme que vous mettez dans chaque activité.

Voici l'exemple de Claire :

Activité	Degré de perfectionnisme (note sur 100)
CV lettre de motivation	95
Dossier contentieux	98
Ranger fichier informatique	100
Faire ce tableau	90
Jogging	80
Enregistrer des films	90
Graver des DVD	100
Ménage	95
Cuisine quand je reçois	100
Lessive	100
Maquillage, coiffure	90

Claire se rend compte que son perfectionnisme envahit un petit peu toutes ses activités, qu'elles soient personnelles ou professionnelles.

Je lui demande alors : « Quelles sont les activités que vous pourriez faire un peu moins parfaitement sans que cela ait de graves conséquences pour vous ? »

Claire répond : « Je pourrais faire des joggings un peu plus tranquillement, sans chercher à battre mon record du tour à chaque fois et plus pour le plaisir. Je pourrais faire le ménage un peu moins bien, y passer un peu moins de temps, pour ranger mes fichiers informatiques et prendre un moment de détente pour moi. »

J'ai demandé à Claire de commencer à diminuer son perfectionnisme sur une seule de ces activités. Puis sur la suivante, etc. Il est important à ce stade de choisir des activités pour lesquelles la diminution de votre perfectionnisme n'aura pas de conséquences graves. Lorsque vous commencez à diminuer le perfectionnisme, observez bien ce qui se passe en vous. Vous vous sentez mieux, moins sous pression, plus détendue !

➤ *Passez à la phase désensibilisation*

Il est parfois utile lorsque l'on est très dépendant de son perfectionnisme, de provoquer soi-même les situations dans lesquelles on va être imparfait. Je me souviens par exemple d'une jeune fille qui était très stressée à chaque repas de famille. Elle avait l'impression d'être nettement moins intelligente que tous ses frères et sœurs, ses cousins, ses oncles, ses tantes. Elle avait une situation socialement moins en vue et se considérait comme le vilain petit canard de la famille.

Elle avait même dans la tête que cette famille pouvait la rejeter à cause de ce qu'elle pensait être son infériorité. C'est pour cette raison qu'elle s'était efforcée d'être parfaite dans beaucoup de domaines.

Elle était toujours parfaitement bien habillée, coiffée, maquillée, très gentille avec tout le monde, faisant de grands sourires et demandant des nouvelles de chacun pour qu'on la considère comme sympathique. Pendant les repas, elle faisait attention à tout ce qu'elle allait dire, évitant d'ailleurs le plus souvent de prendre la parole pour ne pas risquer de dire une bêtise.

Un jour, nous avons convenu ensemble d'un petit jeu pour tester la réaction de sa famille. Elle est allée à un repas de famille habillée d'une façon un peu plus négligée que d'habitude, moins bien coiffée et s'est efforcée de dire des choses banales.

À la consultation suivante, elle rit : « C'est incroyable, mes frères et mes cousins se sont amusés et m'ont dit que j'avais l'air bien cool aujourd'hui ! Ils m'ont même dit qu'ils me trouvaient plus naturelle que d'habitude. »

C'est grâce à ce petit test que cette jeune femme a pu se rendre compte que ce perfectionnisme affiché qu'elle croyait absolument nécessaire pour être intégrée dans sa famille ne l'était pas. Elle gagnait à être beaucoup plus naturelle avec son entourage. Elle se rendit compte aussi que, contrairement à ce qu'elle craignait, elle n'était pas rejetée.

En résumé, l'idée est de sortir d'une dépendance totale à la perfection et se rendre compte que celle-ci n'est pas aussi indispensable que vous le pensez. L'être est peut-être plus important que le paraître...

Clé 4 :
Devenez (vraiment) vous-même

Comme vous l'avez compris dans ce livre, les personnes qui souffrent d'un perfectionnisme excessif attachent beaucoup trop d'importance au paraître. Paraître parfait a probablement été pour vous une préoccupation qui a mobilisé une grande partie de votre attention et de votre énergie dans votre vie quotidienne, il va falloir changer de fonctionnement si vous voulez vous sentir mieux.

L'objectif de cette clé est de vous aider à passer d'un PARAÎTRE parfait à enfin ÊTRE vous-même tel que vous êtes.

Pour atteindre cet objectif, vous pouvez vous aider des techniques que l'on utilise en psychothérapie « l'affirmation de soi authentique ». Cela consiste à se révéler, se montrer tel que l'on est, au naturel, avec ses points forts mais aussi avec ses points faibles.

➤ *Acceptez de demander de l'aide*

À condition de toujours respecter l'autre et de ne pas vous imposer, rien ne vous empêche de montrer vos moments de faiblesse à vos amis et de leur demander de l'aide si vous en avez besoin. Les perfectionnistes ont souvent tendance à penser qu'ils doivent se débrouiller seuls, ou qu'ils vont embêter les autres avec leurs demandes. Ils gardent tout en eux. En affichant une grande forme et en dissimulant leur malaise intérieur, ils vivent un décalage pénible. Pour éviter ce décalage, faites des demandes « authentiques ».

Corinne n'osait pas exprimer ses moments de baisse de moral, même à ses meilleures amies. Nous avons préparé en consultation un dialogue qu'elle a ensuite pu appliquer avec sa meilleure amie : « Tu sais, chère Sophie, je n'ai pas trop le moral. Je ne me sens pas très bien, j'apprécierais beaucoup que tu puisses sortir avec moi, m'emmener, lorsque tu le pourras, faire des courses avec toi par exemple. J'ai besoin d'être entourée, de me sentir soutenue moralement. C'est un effort pour moi de te faire cette demande, je ne voudrais surtout pas m'imposer à toi et te gêner. C'est pourquoi, si tu es trop occupée et que tu n'es pas disponible, je te mets à l'aise et te précise que je ne t'en voudrais vraiment pas si tu me refuses cette demande. »

Il est possible de demander de l'aide à vos interlocuteurs à condition de les respecter et de ne pas vous imposer. Ce respect de l'autre est longuement travaillé avec mes patients, car souvent ils n'osent pas demander de l'aide par peur de déranger l'autre et de paraître trop agressif ou trop culotté.

Par ailleurs, dans cet exercice, Corinne a également montré une image d'elle-même qui n'est pas parfaite.

Si vous pratiquez des demandes authentiques, vous aurez peut-être comme elle de bonnes surprises. Son amie Sophie lui a répondu : « Mais tu sais, moi aussi j'ai des moments de malaise et c'est vrai que, moi non plus, je n'ose pas t'en parler... Et d'ailleurs je suis très contente que tu me parles enfin de ces moments car, pour ne rien te cacher, moi qui te connais bien, je me doutais, je me disais que tu semblais toujours aller bien, cela ne me paraissait pas complètement naturel. Je suis très heureuse que tu me parles de tes moments de difficulté. »

Donnez aux autres la possibilité de vous découvrir et approfondissez ainsi vos relations.

➤ Acceptez vos erreurs sans remettre en cause votre valeur

Comme nous l'avons vu, les personnes perfectionnistes tolèrent très mal de se retrouver dans une position discutable ou d'erreur. Il est important pour vous de savoir remettre en cause vos actes, admettre des erreurs sans que cela remette en cause votre valeur personnelle.

Des méthodes d'affirmation de soi peuvent vous aider à accepter les critiques, à accepter de ne pas être parfait sans pour autant vous sentir dévalorisé ou rejeté.

Prenons l'exemple d'une critique sur votre travail. Au lieu de contre-attaquer et de vous défendre, soyez à l'écoute et utilisez des questions dites ouvertes (questions qui commencent par « qu'est-ce que ? », « qu'est-ce qui », « comment ? », « pourquoi ? ») qui permettent à votre interlocuteur de répondre plus abondamment qu'un simple oui ou non. Voici un exemple : « Que trouves-tu de mal fait dans mon travail ? »

Si l'on vous fait une critique précise : « Eh bien, écoute, j'ai remarqué que tu arrivais souvent plus tard le matin au travail, cela m'étonne, car avant tu étais toujours très ponctuel ! » Sachez répondre en acceptant cette critique (si elle est vraie bien sûr) : « Oui, c'est vrai, tu as bien observé, j'arrive plus tard le matin au travail actuellement. » Au besoin, vous pouvez poursuivre votre ouverture en posant des questions : « Est-ce que cela te pose un problème à toi, dans l'organisation de ton travail, si oui lequel ? » Après vous être informé, vous pourrez décider soit d'arriver plus tôt si cela est vraiment important pour le travail, soit de ne pas modifier votre comportement si, par exemple, cela vous est impossible. Mais, dans ce dernier cas, votre interlocuteur aura au moins l'impression que vous l'avez écouté et entendu et probablement compris, selon vos réponses, que vous ne pouvez pas faire autrement. Nous sommes ici dans le cas d'une critique constructive, votre interlocuteur vous fait une remarque mais ne cherche visiblement pas à vous attaquer.

Cependant parfois certaines critiques visent à vous attaquer et à vous dévaloriser.

Ne vous laissez pas faire. Dans l'exemple précédent, on pourrait imaginer que votre collègue vous formulerait les choses de la manière suivante : « Tu es devenu franchement désinvolte, tu es arrivé très tard le matin, je me tape tout le boulot à ta place, tu n'en as vraiment rien à foutre du travail ! »

Dans ce cas, acceptez que le fait d'arriver en retard le matin puisse gêner votre interlocuteur, mais ne le laissez pas vous traiter de désinvolte : « Je comprends que le fait que j'arrive plus tard le matin te gêne, mais je ne te laisserai pas me traiter de désinvolte, c'est un jugement de valeur que je refuse. »

➤ Apprenez à être satisfait de vous

Beaucoup de personnes souffrant de perfectionnisme pensent que l'autosatisfaction est prétentieuse, ambitieuse, ou ne permet pas de progresser. Mais l'insatisfaction permanente des perfectionnistes est l'une des grandes raisons pour lesquelles ils doutent d'eux et finissent par s'épuiser.

Il est important de savoir être objectif avec vous-même, d'être capable de vous critiquer bien sûr lorsque vos actes nécessitent ce recul, et de prendre vos responsabilités. Mais aussi de savoir reconnaître vos comportements positifs et de vous en féliciter. Sans attendre pour vous gratifier que vos faits et gestes soient parfaits !

De même, il est important que vous soyez ouvert aux compliments des autres. En effet, c'est une façon de voir vos côtés positifs que d'accepter qu'on vous fasse remarquer que ce que vous avez fait est bien et de ne plus répondre : « Mais non, mais non, tu sais, c'est normal. »

La plupart de mes patients ont tendance à considérer que lorsqu'ils font bien quelque chose, c'est normal. Alors, bien entendu, ils ne se félicitent pas eux-mêmes. Mais lorsqu'ils font un peu moins bien, alors ils s'autocritiquent sévèrement. Ce n'est pas la meilleure façon de se traiter soi-même. La plupart des travaux de psychologie montrent que ce que nous appelons dans notre jargon le renforcement positif (qui est en fait une gratification que nous pouvons nous adresser à nous-même) est une des meilleures façons de progresser avec épanouissement.

➤ *Halte aux faux-semblants, montrez-vous tel que vous êtes*

Le paraître, nous l'avons dit, est, pour le perfectionniste, souvent plus important que l'être. Le perfectionniste risque de vivre à côté de lui-même, pour un personnage parfait mais utopique, après lequel il risque de courir toute sa vie. Sans que le bonheur soit au bout du chemin.

L'acceptation de soi est donc un élément important de votre démarche de changement.

Halte aux faux-semblants lors des premières rencontres

Dès les premières rencontres, que ce soit avec un membre du sexe opposé qui vous plaît, ou dans le cadre d'un entretien d'embauche, par exemple, ne cherchez pas à présenter une image parfaite. Acceptez de vous montrer dès le départ tel que vous êtes.

Annie nous donne un exemple de la difficulté dans laquelle on peut se retrouver lorsque l'on veut donner une certaine image de soi lors du premier contact : « Lorsque je rencontre un homme qui me plaît, je fais attention à paraître parfaite, à ne dire aucune bêtise… Je suis alors capable d'avoir de la repartie, de la vivacité, de me montrer sous mon meilleur jour. J'arrive ainsi à séduire beaucoup d'hommes. Et c'est là que l'angoisse commence. Lorsque cela marche et qu'il accepte de me revoir. J'entre dans un état de panique en me disant que si notre relation dure, mon partenaire va découvrir tous mes défauts, tous mes points faibles, voir à quel point je ne suis pas la personne qu'il a rencontrée le premier soir. Je suis certaine qu'il sera déçu. » Beaucoup de mes patients et de mes patientes m'ont raconté ce type d'histoire.

La présentation à l'autre d'un personnage parfait idéalisé, mais qui n'est pas eux-mêmes, les plonge dans un tel état d'angoisse qu'ils peuvent aller jusqu'à éviter les relations affectives par peur de se découvrir à l'autre.

Il est en de même lors d'un entretien d'embauche. Souvent favorisé par des « conseilleurs » qui ne sont pas toujours très bons professionnels, les chômeurs à la recherche d'un emploi pensent qu'ils doivent paraître sans faille et parfaits à l'embaucheur. Or, en dehors du fait qu'il n'est pas du tout sûr que l'employeur va être plus facilement séduit, car certains préféreront avoir face à eux quelqu'un de franc et de naturel, cela risque de poser des problèmes une fois réussie l'étape de l'embauche. En effet, que va-t-il se passer si, lors de la période d'essai, le nouvel employé n'est pas à la hauteur de ses promesses ?

Là encore, soyez vous-même, naturel, acceptez de répondre à certaines questions. Par exemple, acceptez de dire que vous ne savez pas faire certaines choses. De toute façon, si vous mentez, on s'en rendra compte et on vous reprochera de ne pas avoir signalé vos limites.

La technique du *je ne sais pas* est d'ailleurs bien connue des conférenciers professionnels. Je l'utilise personnellement pour gérer mon stress lorsque je fais une conférence sur la psychothérapie de la confiance en soi. Domaine dans lequel je suis *a priori* très spécialisé et dans lequel je *devrais* être capable de répondre à toutes les questions que l'on me pose. J'ai pour habitude, si je suis un petit peu mal à l'aise, de répondre assez vite que *je ne sais pas* à une question qui relève pourtant de mon domaine. L'auditoire, parfois surpris dans un premier temps, se montre ensuite encore plus empathique avec ce spécialiste qui accepte d'avoir des points faibles.

On peut aussi proposer aux personnes qui nous ont posé une question dont nous n'avons pas la réponse de chercher la réponse et de la leur transmettre plus tard ou encore de leur donner des indications, des adresses ou des bibliographies qui leur permettront de trouver ce qu'elles recherchent.

Halte aux faux-semblants
dans les relations durables

Ce que nous venons d'expliquer pour la première rencontre est également valable pour les relations durables[1]. Par exemple, dans l'éducation de vos enfants, il est important d'expliquer vos points faibles. Sachez dire à votre fille : « Tu as remarqué, j'ai souvent tendance à me mettre en colère, mais, tu sais, ce n'est pas une grosse qualité chez moi. Je ne te conseille pas d'avoir le même genre de réaction. »

Sachez dire à votre conjointe : « Je reconnais que je n'ai pas toujours un sens de l'écoute suffisant. Je ne suis pas toujours assez disponible le soir en rentrant du travail. J'en suis désolé car je sais que tu en as besoin, je vais essayer de faire un effort, mais mon sens de l'écoute reste parfois malgré tout limité, surtout lorsque je suis fatigué. »

Et à votre supérieur pour lequel vous travaillez depuis de nombreuses années : « Vous savez, je ne me sens vraiment pas à l'aise dans cc dossier, j'ai peur que mes compétences soient limitées pour le traiter. En effet, ce dossier demande des connaissances fiscales que je maîtrise assez mal, pourriez-vous m'aider, s'il vous plaît, ou le confier à quelqu'un d'autre ? »

Certains d'entre vous sont peut-être terrorisés à l'idée de dire cela à leur patron. Bien sûr, cela dépend de votre

---

1. Apfeldorfer G., *Les Relations durables*, Paris, Odile Jacob, 2004.

employeur. Si vous avez affaire à quelqu'un qui est lui-même perfectionniste (ce qui est souvent le cas chez les dirigeants), peut-être aurez-vous des réponses assez intolérantes (comme « vous devriez savoir »). Mais globalement, vous aurez le plus souvent des retours humains et empathiques, car chacun sait au fond que personne n'est réellement parfait et le fait d'être honnête, franc et lucide sur vos limites jouera en votre faveur.

On dit d'ailleurs souvent en médecine que les pires médecins sont ceux qui ne connaissent pas leurs limites. Contrairement à ce que l'on pourrait croire en effet, le meilleur médecin n'est pas uniquement celui qui a le plus de connaissances. Il est nécessaire bien sûr qu'il en ait. Mais il est aussi nécessaire qu'il connaisse ses limites et sache si besoin adresser son patient à un confrère plus spécialisé au bon moment. C'est de cette façon que l'erreur médicale pourra être évitée. Souvent, les juristes spécialisés dans le droit médical nous expliquent que les médecins ou les chirurgiens qui se retrouvent devant les tribunaux sont ceux qui refusent l'idée d'avoir fait une erreur et d'en discuter avec le patient.

L'affirmation de soi authentique en psychothérapie de groupe

Je voudrais vous donner un exemple des techniques d'affirmation de soi authentique utilisées en psychothérapie de groupe : comment rougir de plaisir.

Pour les personnes qui souffrent de ce qu'on appelle l'éreutophobie (la peur de rougir en public), il est important d'apprendre à surmonter sa gêne et de comprendre que ce rougissement n'est pas nécessairement un signe de faiblesse, mais aussi un signe de sensibilité qui peut être apprécié. Au cours des psychothérapies, nous aidons donc ces personnes à accepter leur rougissement et même à en parler devant un groupe.

C'est le cas de Denis qui à la fin de sa thérapie était capable de dire alors qu'il était tout rouge face à un groupe : « C'est vrai que je rougis. Vous pouvez d'ailleurs certainement le voir. J'en suis très gêné et j'ai peur que vous me jugiez mal et très faible à cause de mon rougissement. Toutefois, je sais aussi que ce rougissement traduit une grande sensibilité chez moi et fait de moi un être intéressant. » Bien sûr, Denis, avant d'en arriver là, avait fait un long travail sur lui. À sa première consultation, l'idée de rougir l'effrayait, l'empêchait de participer aux réunions, de prendre la parole dans un groupe et d'aller à la rencontre de nouvelles personnes. Cette belle performance d'acceptation de soi a complètement changé sa vie.

Nous utilisons également cette technique d'acceptation de soi avec des patients qui souffrent de troubles psychiatriques qu'ils souhaitent tenir secrets. Souffrir d'un trouble mental reste pour certains quelque chose de honteux qu'il faut cacher aux autres. Pourtant oser dire devant un groupe qu'on souffre d'une maladie peut être un grand soulagement. Pour les personnes souffrant de troubles obsessionnels compulsifs, par exemple, c'est une façon d'accepter leur problème et de mieux vivre avec leur maladie. Cesser de dissimuler son problème aux autres est souvent aussi un moment important dans la thérapie. Cette démarche peut également avoir lieu dans le cadre d'une association de patients. De manière générale, le fait d'échanger avec d'autres personnes qui ont souffert du même type de problèmes démystifie souvent les choses et permet de sortir de sa solitude. La souffrance est déjà bien suffisante comme cela.

Clé 5 :
Vivez (aussi) pour le plaisir…

[…] et pas seulement pour la réussite. Les perfectionnistes vivent le plus souvent des émotions négatives comme l'insatisfaction. Nous l'avons vu, ils ont un déficit en émotions positives.

Certaines personnes vivent spontanément des émotions positives, elles ont appris, plus jeunes. D'autres n'ont pas cette aptitude et devront l'apprendre. Le bonheur, cela s'apprend, même lorsque l'on n'a pas de prédisposition à être heureux. Cela peut même être le fruit d'un travail quotidien comme Christophe André l'a décrit dans son livre *Vivre heureux*[1].

Mais comment faire pour apprendre à vivre du plaisir ? Je parle plutôt ici de plaisir que de bonheur car je pense que les perfectionnistes ne sont pas toujours des gens malheureux. Ils ont, comme nous l'avons tout au long de ce livre, beaucoup de satisfaction dans leur vie, souvent beaucoup de réussite et c'est surtout leur notion du plaisir au quotidien qui est altérée.

Le perfectionnisme est bien souvent une clé de la réussite, mais pas toujours du bonheur.

Comment apprendre à vivre plus de plaisir ? Voici trois propositions.

- accepter de ne pas tout contrôler, le plaisir est dans la tête ;
- le plaisir est aussi dans le corps ;
- libérer l'enfant blessé qui est en vous.

---

1. André C., *Vivre heureux*, Paris, Odile Jacob, 2003.

➤ *Accepter de ne pas tout contrôler, le plaisir est dans la tête*

Vivre le plaisir n'est pas évident pour tout le monde. Cela se joue en grande partie dans la tête. Il faut commencer par accepter de ne pas tout contrôler parfaitement. Cela permettra de parvenir à voir les choses plus positivement.

Les clés précédentes vous ont en principe déjà permis d'en arriver là. Vous avez modifié votre façon de voir les choses, les événements de vie, les réactions des autres, et vous avez commencé à relativiser votre perfectionnisme. Vous êtes détaché de ses côtés insatisfaisants et superficiels. Vous n'avez plus l'obligation de tout maîtriser dans votre vie. Vous commencez à vivre pour le plaisir dans votre tête. Mais le plaisir se vit aussi dans nos émotions, dans notre corps.

➤ *Le plaisir est aussi dans le corps*

Il est important de pratiquer des activités physiques pour le plaisir et pas uniquement pour la performance.

Notre société est en train de prendre conscience que l'intellect est très privilégié au détriment peut-être du corps. Les techniques corporelles fleurissent de toute part : relaxation, sophrologie, yoga…

Accepter vos sensations et pensées

Je voudrais vous intéresser en particulier à la méditation qui tient une place de plus en plus importante dans le champ du développement personnel et même des psychothérapies. En effet, plusieurs études montrent que ce que les Américains appellent le « *mindfullness training* », une forme de méditation, est bénéfique. Cette technique, au carrefour de ce que nous ont enseigné les bouddhistes et les thérapies cognitives, permet d'apprendre à accepter l'instant présent, les différentes informations sensorielles ainsi que les différentes pensées parasites qui nous viennent à l'esprit sans chercher à lutter ou à intégrer plus particulièrement telle ou telle pensée.

Pour être efficaces, ces méthodes doivent être pratiquées très régulièrement. Voici quelques exercices en guise d'initiation.

Installez-vous en position assise (« digne » selon les spécialistes, c'est-à-dire bien droit), laissez aller votre respiration et laissez-vous pénétrer par toutes les sensations dans votre corps et les sensations extérieures. Sentez les mouvements de votre respiration aller et venir. Intégrez, sans réagir, une éventuelle sonnerie de téléphone ou le bruit de la tondeuse du voisin. Laissez passer les pensées négatives parasites qui ne manqueront pas de se manifester très rapidement dans votre tête comme par exemple : « Je dois finir mon dossier avant ce soir ou remplir ma feuille d'impôts avant le 15 du mois ou encore ce voisin qui met sa tondeuse en route au moment où je fais ma méditation. » Ne luttez pas contre les pensées négatives, laissez-les passer comme les nuages passent dans le ciel. Ne faites rien, continuez à rester zen en respirant lentement et profondément. C'est aussi le principe du téflon dans la poêle Tefal, cette poêle qui n'accroche jamais. Comme le téflon, nous allons laisser glisser sur notre esprit les pensées négatives sans leur donner aucun moyen pour qu'elles s'accrochent. Elles vont donc glisser comme une goutte d'eau ou une goutte d'huile dans une poêle Tefal en nous effleurant sans nous perturber.

Un autre exercice consiste à prendre un grain de raisin sec dans votre bouche et à en décrire longuement toutes les sensations tant gustatives que tactiles. Concentrez-vous sur l'instant présent et sur vos sensations. Ne cherchez pas à être bien, laissez venir les sensations telles qu'elles surviennent.

Cette méditation, très brièvement décrite ici, a pour objectif de permettre une meilleure acceptation de soi.

Il ne s'agit pas d'une méthode cherchant à induire des émotions positives comme le font par exemple la sophrologie ou le yoga qui ont pour objectif de vous détendre. La méditation apprend à accepter le présent « en pleine conscience », que ce présent soit positif ou négatif.

On pourrait citer ici d'autres techniques permettant une écoute de ses émotions corporelles : yoga, chi cong, tai-chi…

À vous de choisir en fonction de vos goûts et de vos possibilités.

Libérez vos émotions
dans votre vie quotidienne

La méditation demande tout de même une pratique et un certain investissement. D'autres petits moyens peuvent être intégrés dans votre vie quotidienne et sont faciles à mettre en application.

À quelle fréquence riez-vous ? À quelle fréquence chantez-vous ? Quand avez-vous pour la dernière fois crié seul(e) chez vous parce que l'envie vous en était venue ?

Quand avez-vous pour la dernière fois chanté sous votre douche ? Quand avez-vous pour la dernière fois dansé devant les autres ou même seul(e) chez vous dans votre salon parce que vous en aviez envie et que vous étiez gai(e) ?

Comme vous le voyez, la vie quotidienne vous donne des occasions de laisser venir nos émotions positives.

Je vous incite à utiliser régulièrement ces petits moyens, en particulier lorsque vous êtes seul(e) chez vous, riez, chantez sur votre disque favori, dansez… Laisser monter en soi ses émotions dans la vie quotidienne est probablement un très bon moyen d'atteindre un équilibre personnel.

Ce contact avec vos émotions personnelles et intimes est également conseillé pour les émotions négatives. Il est également très important de pleurer devant un bon film dramatique, de laisser monter vos larmes et d'accepter l'induction émotionnelle causée par le film. Il en est de même lorsque vous écoutez un morceau de musique particulièrement émouvant. Vous remarquerez certainement d'ailleurs que ce sont presque toujours les mêmes morceaux qui nous conduisent à pleurer. N'hésitez pas à avoir sous la main des morceaux de musique qui vous font vivre des émotions.

Écoutez aussi un morceau de musique qui vous apporte de la joie, vous en avez certainement, chargez-le sur votre baladeur si vous en avez un.

Faites des arrêts sur image

Voici l'exercice que je vous propose ensuite. Au cours de la journée qui va suivre, faites une pause deux à trois fois pendant une minute, concentrez-vous sur les odeurs qui affleurent, regardez le paysage qui vous entoure, écoutez les bruits, ressentez la pression du sol sous vos pieds si vous êtes en train de marcher.

Ces moments sensoriels sont des arrêts du temps qui vont vous permettre de prendre conscience que vous êtes entouré par des sensations agréables que vous ne prenez peut-être pas assez le temps de percevoir lorsque vous êtes trop occupé. Ces exercices sont importants car, comme tout perfectionniste, vous êtes en permanence en action et vous ne prenez pas le temps de vous arrêter sur vous-même, ne serait-ce que quelques instants. Ils ne prennent que quelques minutes par jour et sont particulièrement faciles à intégrer dans votre vie. Ils vont vous ouvrir à des émotions positives, une odeur, une vue, un bruit agréables, sans avoir besoin de dépenser de l'énergie. Alors que le perfectionniste dépense beaucoup d'énergie pour finalement peu de plaisir.

➤ *Libérez l'enfant blessé qui est en vous*

En psychothérapie, nous utilisons souvent ce que nous appelons des techniques émotionnelles pour libérer nos patients bloqués dans l'expression de nos émotions.

Nous allons reprendre le cas de Claire que nous avons évoqué chapitre 7, page 80. Pour protéger sa mère alcoolique, Claire était devenue parfaite. Elle ne voulait pas poser de problèmes à sa mère qui en avait déjà bien assez. Mais cela s'était traduit par la survenue chez celle-ci à l'âge adulte d'un trouble obsessionnel compulsif sévère qui l'avait amenée à consulter. Son traitement, qui a comporté différents éléments s'est également appuyé sur cette technique de libération de l'enfant blessé.

Après avoir écrit sur son cahier de thérapie ce qu'elle avait vécu pendant son enfance (ce qui n'a pas été simple pour elle sur le plan émotionnel), Claire a bien voulu prendre le rôle d'une mère bienveillante envers l'enfant blessé qu'elle avait été. Il s'agissait pour elle de bien vouloir consoler cette petite fille qui avait eu cette enfance renfermée sur elle-même, culpabilisée et perfectionniste.

THÉRAPEUTE : « Si vous étiez la mère de Claire, l'enfant blessée dont vous venez de me parler depuis plusieurs séances et que vous souhaitez consoler, que lui diriez-vous ? »

Voici les réponses de Claire : « Claire, tu n'es pas responsable de l'alcoolisme de ta mère. À 14 ans, ce n'était pas à toi de l'emmener chez le médecin pour se faire soigner. Tu n'es pas responsable... Tu n'avais pas les moyens en tant que petite fille d'empêcher ta mère de se détruire avec l'alcool. Tu as déjà fait énormément de choses. Il est déjà admirable qu'une adolescente de 14 ans ait pris la peine de prévenir le médecin de sa mère pour lui dire qu'elle était dépendante à l'alcool. Tu as pris des risques en faisant cela, tu savais que cela provoquerait de la colère et pourtant tu as osé le faire. Bravo, Claire, tu as été une enfant courageuse. [...] Par ailleurs, Claire, on t'a un petit peu privée de ton enfance. Tu as tellement passé de temps à t'occuper de ta mère malade, à ne poser aucun problème, que tu n'as pas pu vivre les problèmes de la petite fille que tu étais. Tu n'avais pas la possibilité de parler de tes problèmes de petite fille, de tes difficultés à l'école, avec tes petites copines et encore moins d'être turbulente. Tu ne pouvais pas non plus inviter des petites copines à la maison car tu ne voulais pas qu'elles puissent voir dans quel état était ta mère. Claire, tu as eu une enfance malheureuse et tu t'en es superbement bien sortie. Je te félicite encore... »

Comme vous vous en doutez, Claire n'arrivait pas à être aussi positive pour écrire tout ce texte seule et je l'ai aidée. Toutefois, lorsque nous avons composé ce texte ensemble, Claire a admis qu'il correspondait tout à fait à la réalité. Elle a convenu que c'était le discours qu'elle tiendrait à une petite fille blessée qui aurait vécu la même histoire qu'elle. Seulement voilà, Claire seule était incapable de se tenir un discours aussi positif. Souvent des personnes comme Claire peuvent être très positives avec les autres et avoir beaucoup de difficultés à être positives avec elles-mêmes.

Si vous êtes très perfectionniste, vous adoptez probablement peu spontanément cette attitude de voir ce que vous avez fait de bien dans le passé.

Pourtant, pour certaines personnes, comme cela a été le cas pour Claire, cela est vraiment indispensable pour pouvoir aller mieux et sortir de leur mal-être.

J'ai essayé de vous apporter dans ce chapitre un certain nombre de pistes pour vous permettre de vous sentir beaucoup mieux, en diminuant les effets toxiques de votre perfectionnisme et en gardant ses bons côtés. Ces techniques sont issues des méthodes que nous utilisons en psychothérapie, officielles et reconnues. Elles ont démontré leur efficacité.

Pour des raisons didactiques, j'ai regroupé ces différentes méthodes autour de cinq clés qui me paraissent être les cinq axes essentiels autour desquels votre travail personnel pourra s'orienter. J'ai présenté ces cinq clés dans un ordre destiné à vous faire franchir successivement plusieurs paliers. Le plus souvent, c'est celui que nous suivons en psychothérapie.

Sur le plan pratique, je vous conseille dans un premier temps d'appliquer les techniques décrites dans ce chapitre dans l'ordre où elles sont présentées. Lorsque vous vous rendez compte qu'une technique vous est très utile, alors n'hésitez pas à prendre le temps de l'intégrer et à l'appliquer plusieurs jours de suite. Si une autre technique vous semble moins utile ou ne pas correspondre à vos besoins, alors vous pouvez passer à la suivante.

Ce chapitre est un chapitre à vivre et pas uniquement à lire. Je l'ai écrit comme une thérapie réelle, avec pour but de vous aider dans la pratique quotidienne de votre changement personnel. Le changement personnel ne peut pas avoir lieu uniquement avec une lecture. Ces méthodes sont explicitées ici pour que vous les appliquiez, si vous vous contentez de les lire, elles seront de peu d'efficacité.

En pratique, ne soyez pas trop perfectionniste avec l'application du programme ! Ne cherchez pas à tout appliquer à fond, mais exercez-vous régulièrement. Prenez le temps de faire ces exercices un par un pendant plusieurs jours et de constater les changements.

Ce programme a été décrit pour que vous puissiez l'utiliser si vous êtes un perfectionniste excessif. Mais il se peut que ce soit un de vos enfants qui soit perfectionniste ou un membre de votre entourage. Ce qui ne manque certainement pas de vous poser des problèmes. C'est pourquoi je vous propose maintenant deux chapitres qui vont vous permettre d'aborder le perfectionnisme chez votre enfant ou chez une personne de votre entourage.

CHAPITRE 11

Votre enfant est-il trop perfectionniste ? Comment l'aider ?

Votre enfant est-il perfectionniste ?

Votre enfant veut bien faire et c'est tant mieux.

Comment savoir si votre enfant est trop perfectionniste ? Vous pouvez le détecter à plusieurs niveaux. A-t-il des comportements perfectionnistes ? A-t-il des relations perfectionnistes avec les autres ? Enfin, que se dit-il dans sa tête, a-t-il des pensées perfectionnistes ?

Écoutons quelques parents d'enfants perfectionnistes.

« François, 9 ans, est un jeune garçon très perfectionniste, il ne supporte pas la moindre erreur. Aux jeux de société, il est infernal : dès qu'il est potentiellement en train de perdre, il râle sur tout le monde, nous accuse de tricher et s'en va avant la fin de la partie en disant que ce jeu est fait pour des "nuls". Il passe un temps fou à ses devoirs et me les récite au moins dix fois, il me demande tout le temps s'il les sait assez bien. Pour les notes, il n'est jamais content. Il se dévalorise dès qu'il a en dessous de 16, mais surtout il se met en rage si son camarade de jeux à de meilleures notes que lui. Pourtant, je vous assure, Docteur, que son père et moi, nous ne lui demandons pas la lune et nous essayons de limiter ses exigences de performance, mais à chaque fois que nous lui faisons remarquer qu'un 14 n'est pas une mauvaise note, il nous rétorque que nous lui disons ça pour lui faire plaisir, ou bien que nous ne comprenons pas que la compétition est féroce et que, sans une moyenne de 16, il ne pourra pas être pilote d'avion. »

« Anastasia, 16 ans, nous fait vivre un calvaire en famille. Nous avons une adolescente trop parfaite. Elle a de très bonnes notes en classe, est au conservatoire de musique et joue dans un orchestre d'adultes. Tout cela lui demande beaucoup de travail et elle ne sort jamais avec ses camarades. D'ailleurs, elle n'a qu'une amie avec qui elle ne parle que de l'école et toutes les deux sont en compétition en ce qui concerne les notes. Depuis quelque temps, elle fait de la danse classique et son professeur la trouve très douée. Elle nous réclame à cor et à cri une barre dans sa chambre afin de pouvoir s'entraîner. Nous sommes très fiers d'elle et nous souhaiterions qu'elle réussisse, brillante comme elle est. Mais nous hésitons car elle passe déjà tellement de temps à travailler et à répéter son violon qu'elle ne sort que rarement de sa chambre. Il est impossible de sortir le dimanche en famille. Anastasia nous impose ses horaires d'aller et retour, nous disant qu'elle est débordée de travail. Si, par hasard, nous sortons, elle est odieuse, vérifiant sans arrêt sa montre de peur que nous soyons en retard à la maison. Le planning familial est dirigé par Anastasia, les horaires de repas, l'heure du coucher y compris de mon mari, ou de son frère sont définis et gare à la crise de nerf si nous n'obtempérons pas. »

➤ *Quels sont les comportements évocateurs du perfectionnisme chez l'enfant ?*

Le syndrome du dimanche soir

L'enfant perfectionniste présente souvent des manifestations psychosomatiques surtout en période préscolaire. C'est-à-dire le dimanche soir, à la rentrée scolaire de septembre... L'enfant peut avoir très peur d'aller à l'école, par crainte de ne pas réussir. Il travaille tout le week-end pour être sûr d'arriver avec des devoirs bien faits le lundi matin à l'école. Il peut présenter des troubles psychosomatiques francs et nets, en particulier le dimanche soir, ou le lundi matin ainsi que souvent le mercredi soir : par exemple des douleurs abdominales, des maux de tête, des difficultés à s'endormir.

À l'adolescence, on retrouve le même type de réactions chez des jeunes qui travaillent tout le week-end, ne sortent plus, ne voient plus leurs amis.

Tout doit être fait soigneusement et parfaitement

L'enfant passe beaucoup de temps à faire les choses jusqu'à ce qu'il juge lui-même que c'est assez parfait. Un excès de temps passé au travail n'est pas nécessairement synonyme de perfectionnisme. Il peut y avoir d'autres causes. Mais on rencontre souvent cette manifestation dans le perfectionnisme. Tout doit être parfait, l'écriture, l'orthographe. L'enfant fait attention à tout dans les moindres détails, il gomme ou efface dès qu'il juge que sa lettre est mal écrite... Il passe beaucoup de temps à faire son travail (essayez de vous renseigner auprès des mamans sur le temps que passent ses camarades d'école à faire le même travail).

188 • TOUJOURS MIEUX !

Il ne se contente pas d'un résultat à peu près : tout doit être parfait et pas seulement dans son travail scolaire.

Les enfants et les adolescents perfectionnistes sont souvent débordés

Comme ils veulent tout faire parfaitement, les enfants et adolescents perfectionnistes ont un emploi du temps essentiellement axé sur le travail ou sur les tâches « obligatoires » et délaissent les autres domaines de la vie. Ils recommencent encore et encore leur travail, le rangement de leur chambre, leur coiffure et leur habillement… Ce n'est jamais assez bien. Chaque activité leur demandant plus de temps qu'aux autres, ils finissent par être débordés et parfois en retard, ce qui les stresse encore plus. Ils peuvent alors se montrer irritables, lorsque leurs parents leur proposent de s'arrêter et de se détendre. Dès leur plus jeune âge, ils n'apprennent pas à faire des pauses, à se reposer, à prendre un moment pour eux.

Le besoin de repères

L'enfant perfectionniste préfère respecter les conventions et n'aime pas tenter de nouvelles expériences. Il a tendance à se cantonner à ses domaines de prédilection, qu'il maîtrise bien. Il est sûr d'y être performant et cela le rassure. Il prend moins ce risque d'erreur qu'il redoute tant. À l'école, il travaille surtout les matières dans lesquelles il se sent brillant. Il choisit un sport où il se sent à l'aise, fort, et s'y investit pleinement, souvent jusqu'à la compétition.

Il a tendance à refuser de prendre des initiatives, de se lancer dans de nouvelles expériences, dans des sports qu'il maîtrise moins bien. Il aura trop peur de l'erreur, de ne pas maîtriser la nouveauté et préfère éviter les domaines qui ne lui sont pas déjà familiers.

La peur de l'erreur

La peur de l'erreur est un symptôme important chez l'enfant perfectionniste. L'erreur est pour lui totalement inenvisageable, catastrophique. Il est utile que les parents aient conscience de ce phénomène et apprennent à leur enfant à tolérer des résultats imparfaits et quelques erreurs.

Certains de ces enfants sont effrayés, d'autres ne supportent pas l'erreur. L'idée d'une erreur les rend nerveux, irritables, bougons, râleurs, autoritaires. Ces enfants veulent être instantanément les meilleurs dans tous les domaines. Aussi, dès qu'ils seront en difficulté, qu'ils y arriveront moins bien, ils auront tendance à abandonner rapidement, rejetant toujours la faute sur les autres, par exemple sur le professeur qu'ils décréteront incompétent. Au fond, ces enfants sont assez narcissiques, ils pensent être capables d'être les meilleurs en tout, ils sont fiers de leurs ambitions, ils ont d'ailleurs souvent des projets de vie assez grandioses. Ils peuvent avoir tendance à penser qu'ils sont meilleurs que les autres et qu'ils ne doivent en aucun cas être considérés comme des élèves nuls ou moyens.

On le voit ici dans ce rapport à l'erreur, il existe en fait deux types d'enfants perfectionnistes. Des enfants perfectionnistes plutôt anxieux qui sont très angoissés par l'erreur, d'autres plutôt narcissiques pour qui l'erreur est intolérable et dévalorisante.

➤ Quelles relations entretient l'enfant perfectionniste avec les autres ?

L'enfant perfectionniste est valorisé par la société, en particulier par le milieu scolaire, qui apprécie, bien sûr, le travail bien fait. L'enfant a de bonnes notes, est régulière-

ment félicité et encouragé à persévérer dans cette voie perfectionniste. En revanche, les petits copains de classe ne sont
pas toujours aussi positifs avec ces enfants perfectionnistes
qu'ils traitent parfois d'« intellos ». L'enfant peut même
devenir un véritable bouc émissaire dans une classe. Ceci ne
fera que renforcer son isolement. Il pourra alors souffrir
(sans avouer) de ne pas être accepté par les autres petits
copains en disant : « Je me fiche de leurs remarques car, plus
tard, c'est moi qui réussirai le mieux dans la vie. »

À *l'adolescence*, lors du passage au lycée en particulier,
ce perfectionnisme sera peut-être un petit peu moins ren-
forcé. À ce stade, les professeurs sont moins sensibles à la
perfection et cherchent plus à encourager la créativité des
élèves. Ces adolescents perfectionnistes ont souvent beaucoup de difficultés à passer du stade de la composition
française à celui de la dissertation, qui leur demande de faire
appel à leurs émotions et à leurs capacités imaginatives. Ils
ont souvent d'excellentes capacités d'apprentissage. Certains continueront sur la voie de la réussite scolaire en déve-
loppant et en affirmant leurs propres pensées. D'autres
auront des difficultés à sortir du cadre d'apprentissage basé
sur les règles et modèles appris à l'école primaire et au collège. À la fin du collège et en début de lycée, les notes bais-
sent. Dans les matières non scientifiques en particulier, un
13 est une bonne note. Mais les perfectionnistes commettent
une erreur de raisonnement. Lorsque leur moyenne diminue,
au lieu d'accepter le nouveau mode de correction, ils pensent ne plus être à la hauteur. De plus, si, jusque-là, ils
avaient réussi sans trop travailler pour les plus doués d'entre
eux, maintenant cela ne suffit plus. Ils font là encore une
erreur de raisonnement. Se comparant au meilleur de la
classe, ils se disent : « Lui y arrive sans trop travailler. Moi,
j'y passe beaucoup de temps. Cela veut dire que je ne suis

pas intelligent. » Ils peuvent alors se laisser couler, ce qui confirmera à leurs yeux leur manque d'intelligence.

Les relations amicales, si elles ont été faciles chez l'enfant perfectionniste (en général il s'entoure d'autres enfants aussi perfectionnistes que lui), elles deviennent souvent beaucoup plus difficiles à l'adolescence. En effet, dans un mouvement d'opposition et de libération souvent bien important pour la construction de leur personnalité, les adolescents ont tendance à sortir des cadres conventionnels, à s'affirmer. Le perfectionniste a beaucoup de peine à suivre ses camarades. Sortir des *règles et des conventions* reste pour lui quelque chose de très difficile et qu'il critique. Il peut alors malheureusement lui arriver d'être rejeté par ses pairs qui le jugent beaucoup trop conventionnel, trop sage ou hautain. Le risque est alors l'isolement.

L'isolement de l'enfant perfectionniste est à surveiller, il peut être très dangereux. Un enfant qui travaille tout le temps, ne sort plus le week-end, ne voit plus ses copains qu'il juge trop cool ou superficiels, peut être en grand danger. Cet isolement social peut l'amener à des difficultés psychologiques parfois sévères[1] dont voici les différentes manifestations possibles :

- des symptômes liés au stress[2] : sur le plan physique, des troubles du sommeil, des troubles alimentaires (attention à l'anorexie chez les jeunes filles perfectionnistes), des maux de ventre ; sur le plan psychologique, des manifestations d'angoisse intense, un refus ou une peur d'aller à l'école ;

---

1. George G. et Vera L., *Soigner la timidité chez l'enfant et l'adolescent*, Paris, Dunod, 2003.
2. George G., *Ces enfants malades du stress*, Paris, Anne Carrière, 2003.

- un refus d'être confronté à l'erreur : arrêt du travail ou augmentation massive, refus de rendre les devoirs, absence lors des contrôles notés ;
- un refus de revoir les anciens « amis perfectionnistes » par peur de ne plus être à la hauteur de leur compétition permanente. Ou un rejet souvent ancien des pairs qui ne partagent pas les mêmes « valeurs » ;
- une autodévalorisation permanente ;
- des tentatives pour reprendre le contrôle : rituels en augmentation, anorexie, inscription dans une école plus « difficile », inscription aux cours par correspondance (souvent afin d'éviter l'école), accès au virtuel (jeux sur ordinateur, jeux informatiques où, là, personne ne peut le juger) ;
- des pertes de contrôle : boulimie, scarifications, colère parfois violente en milieu familial, des troubles des conduites, inscription au Centre national d'enseignement à distance, mais les devoirs ne sont pas envoyés par crainte de la mauvaise note, tentative de suicide… ;
- dépression, qui malheureusement peut être l'étape ultime des difficultés de l'enfant perfectionniste, et qu'il faut savoir repérer afin de pouvoir le protéger[1].

Il semble exister deux pics de consultations chez les enfants perfectionnistes. Le premier a lieu au cours de la maternelle ou au début de l'école primaire devant des colères massives et une nette intolérance à l'échec qu'ont ces enfants. Le second pic se situe plutôt en fin de collège ou au début du lycée devant les phénomènes psychologiques que nous venons de décrire ci-dessus.

---

1. Vera L., *Mon enfant est triste*, Paris, Odile Jacob, 2002.

➤ *Que se passe-t-il dans la tête des enfants perfectionnistes ?*

Il est important d'essayer de détecter la petite voix intérieure de l'enfant perfectionniste, c'est-à-dire ce qu'il se dit à lui-même. Voici quelques exemples de pensées de ces enfants :

« Je dois tout faire parfaitement si je veux réussir et avoir une vie agréable plus tard. »

« Je dois tout faire parfaitement si je veux réussir et devenir président ou ministre ou chef d'entreprise. »

Les enfants perfectionnistes auront souvent tendance à envisager des métiers très valorisés socialement et financièrement.

« Je dois travailler parfaitement à l'école si je veux être quelqu'un de valable. »

« Je dois travailler parfaitement à l'école car il faut être le meilleur si l'on veut réussir plus tard. »

« Si je ne sais pas faire parfaitement une tâche ou une activité, mieux vaut éviter de la faire. »

« Si je ne sais pas faire parfaitement une tâche, cela veut dire que je suis moins intelligent que les autres. »

« Si mon look n'est pas parfait, mieux vaut ne pas aller à cet après-midi entre copains. »

« Si mon look n'est pas parfait, ils se moqueront et je ne supporte pas que les autres puissent croire que je suis moins bien qu'eux. »

« Je ne supporte pas de rougir, bégayer (avoir un quelconque signe pouvant être interprété comme de la faiblesse), car ils vont croire que je suis moins fort qu'eux. »

« Je dois être sûr(e) de bien faire, sinon il vaut mieux que je ne fasse pas. »

« Je ne dois jamais faire d'erreur. »

Prenez le temps de parler avec votre enfant, pour savoir ce qu'il a en tête et aidez-le à relativiser ce genre de pensées et cette obligation de perfection qu'il se fixe à lui-même.

Ce n'est pas simple, même pour nous les professionnels. Toutefois, votre rôle est important et il existe des moyens qui pourront certainement vous aider et aider votre enfant lui aussi. Voici quelques pistes.

Aider votre enfant perfectionniste

➤ *Apprenez-lui à relativiser ses échecs*

Avec les enfants, on peut inverser les rôles.

THÉRAPEUTE : « Comment ferais-tu si tu voulais aider un petit camarade à travailler ? Lui dirais-tu : tu es nul, tu n'y arriveras jamais ! »

ENFANT : « Oh non, cela ne l'aiderait pas ! »

THÉRAPEUTE : « C'est-à-dire ? »

ENFANT : « Ça le blesserait et il ne voudrait plus apprendre. »

THÉRAPEUTE : « Et toi, alors, quand tu rates, c'est ce que tu te dis, que tu es nul ? »

ENFANT : « Oui, mais moi, ça me pousse à travailler encore plus. »

THÉRAPEUTE : « Mais ne penses-tu pas que cette méthode est blessante ? Ne crains-tu pas qu'elle finisse par te faire mal aussi ? »

Parents, vous pouvez aider votre enfant avec la méthode utilisée ci-dessus par le thérapeute. Cet exercice a l'avantage de décentrer votre enfant de son fonctionnement et de lui montrer qu'il pourrait être plus positif envers un enfant qui fonctionnerait comme lui. Cela lui permettra probablement de nuancer son intransigeance envers lui-même.

Montrez-lui aussi que l'on peut apprendre en faisant des erreurs.

Si votre enfant est perfectionniste, il est probablement convaincu que l'apprentissage doit se faire sans erreur et qu'il doit éliminer toute erreur avant de rendre sa copie. La notion d'erreur instructive et constructive lui est probablement inconnue. Pour lui prouver le contraire, montrez-lui l'exemple de personnes de valeur qui ne sont pas parfaites, qui font des erreurs et les acceptent. Prenez des personnes assumant bien leurs erreurs, de votre entourage, parmi votre famille ou vos amis et que l'enfant connaît et apprécie. Bien sûr, si vous êtes vous-même intolérant à l'égard de vos propres erreurs, votre enfant risque de vous imiter. Donc, n'hésitez pas à lui servir également d'exemple en vous montrant plus tolérant envers vous-même. Lorsque vous faites des erreurs, montrez-lui que, même si vous n'êtes pas content, vous n'en faites pas non plus un drame et que cette erreur ne vous paraît pas totalement intolérable. Montrez-lui que l'erreur, même si elle est pénible, est tout de même acceptable et qu'elle peut être source de progrès.

➤ *Donnez-lui une obligation de moyens plus que de résultats*

Même après une bonne note, aidez votre enfant à repérer les stratégies efficaces plus importantes que la note finale. Comment as-tu fait pour avoir cette note ? Puis pointez les excès, par exemple le fait qu'il ait appris vingt fois une leçon de trois lignes et demandez-lui : « Es-tu sûr que tu ne la savais pas déjà au bout de dix fois ? » Proposez alors à l'enfant de faire comme cela la prochaine fois. On lui montre ainsi qu'en tant que parents nous avons autant confiance en ses compétences et en sa capacité à trouver une stratégie efficace et économique que dans ses résultats.

➤ *Aidez-le à se fixer des objectifs accessibles*

Et à n'utiliser son perfectionnisme que lorsque cela est nécessaire.

Apprenez-lui d'abord à classer ses objectifs des moins importants aux plus importants. En effet, pour un perfectionniste, tout est primordial. Il est donc essentiel pour votre enfant d'apprendre à répartir son énergie différemment selon l'importance des activités qu'il aura à faire. Il faudra qu'il continue à être perfectionniste et à faire très bien les choses très importantes. Il pourra l'être un peu moins pour les choses moyennement importantes et encore moins pour les choses secondaires. Là encore, les parents et les autres adultes pourront servir de modèle. Évidemment, si votre enfant a sous les yeux des parents perfectionnistes, il aura tendance à les imiter. En revanche, si vous arrivez à bien gérer vous-même votre perfectionnisme (ce que j'espère vous aurez appris en lisant ce livre), alors il y a toutes les chances pour que votre enfant, s'il vous voit équilibré avec ce fonctionnement, ait envie de faire comme vous.

➤ *Travailler pour le plaisir*
et non pour la réussite

En particulier, s'il travaille trop. Le système scolaire favorise cela. Il demande à des jeunes de collège après huit heures de cours de relire et d'apprendre immédiatement tous les cours le soir même et de faire d'autres devoirs, soit en moyenne deux à quatre heures de travail en plus, ce qui fait un total de douze heures de travail dans une journée. Même si cette méthode est probablement utile afin de mémoriser les cours de la journée, est-ce que nous, adultes, en faisons autant ? Dix à douze heures de travail à cet âge, n'est-ce pas énorme ? Est-ce que nos exigences d'adultes ne sont pas tout à fait excessives pour ces enfants ?

Apprenez à votre enfant que le mieux est l'ennemi du bien.

Essayez de l'aider à ne pas passer trop de temps à ses devoirs. Donnez-lui aussi le goût du travail. L'idéal est d'apprendre pour le plaisir et non pour la réussite, qui viendra comme une cerise sur le gâteau. C'est lorsque les enfants et adolescents travaillent avec plaisir qu'ils réussissent le mieux, sans stress ni pression excessive.

Jusqu'à 15 ans, un enfant travaille surtout pour faire plaisir à ses parents, ce n'est qu'aux environs de la troisième ou de la seconde qu'il commence à s'approprier les enjeux de la réussite scolaire. Il est donc important que le parent réagisse aussi positivement sur le plaisir pris par l'enfant à faire du vélo ou toute autre activité de loisir que sur un devoir, pour montrer ainsi à l'enfant que la réussite ne se fait pas uniquement au niveau scolaire.

On peut proposer à ces enfants perfectionnistes qui travaillent trop d'avoir des activités extrascolaires, de sport, de culture, de loisirs. Mais j'attire l'attention des parents sur le fait que ces enfants perfectionnistes sont déjà surchargés. Ils risquent de reprendre ces activités extrascolaires sous l'angle de la performance, ce qui ne ferait bien sûr qu'accroître le problème. Il vaut mieux qu'un enfant préfère passer son mercredi à jouer avec des copains sans souci de la performance et de la productivité plutôt que de vouloir faire à tout prix une activité extrascolaire qui lui donnerait un plus dans son curriculum vitae !

➤ *Aidez-le à se socialiser*

Veillez à ce qu'il s'entoure de beaucoup d'amis, communique avec les autres. Prenez garde à ce qu'il ne s'entoure pas uniquement d'amis eux-mêmes perfectionnistes ou négatifs envers lui qui pourraient contribuer à fragiliser son estime de soi. Attention en particulier aux adolescents ou jeunes adultes parfois très durs les uns envers les autres, même entre amis, ce qui n'est pas très bon pour l'estime de soi. À l'inverse, apprenez-lui à être tolérant avec les autres, à prendre conscience que ses petits copains ne sont pas tous perfectionnistes, ne respectent pas tous les mêmes règles que lui. Il est important de lui montrer qu'il y a plusieurs façons de voir les choses dans la vie et que certains de ses amis qu'il apprécie ne fonctionnent pas de manière perfectionniste.

Cette aide à l'intégration sociale et amicale est particulièrement importante. Beaucoup d'adolescents dépressifs, allant parfois jusqu'à commettre des tentatives de suicide, sont totalement isolés, passant leurs journées entières à travailler devant leur ordinateur. Les tentatives de suicide sont fréquentes chez les enfants perfectionnistes. Nous avons vu plus précisément dans le chapitre 9 que le perfectionnisme est un trait de personnalité pouvant contribuer, lorsqu'il est excessif, à entraîner des états pathologiques comme la dépression (voir page 118). Il n'est pas toujours très facile d'aider les enfants perfectionnistes à se socialiser. Un de leurs passe-temps favoris étant de se stimuler dans la compétition. Tant qu'ils se sentent les meilleurs tout va bien, ils acceptent de se comparer aux autres. En revanche, dès qu'ils ne se sentent plus à la hauteur du groupe, ils commencent à s'isoler de peur que leurs petits copains les voient moins forts. Ils ont parfois tendance à être rejetés par les autres et

il n'est pas toujours facile de les aider à s'intégrer socialement. L'attention des parents devra donc être ici particulièrement vigilante.

➤ *Montrez-lui un modèle non parfait*

Il est important que votre enfant ait tous les jours sous
les yeux des parents qui lui montrent qu'ils ne sont pas parfaits et que ce n'est pas dramatique.

N'oubliez pas que les actes sont aussi importants que les
paroles, voire plus, dans l'éducation. Il doit y avoir une cohé-
rence entre ce que vous montrez à votre enfant et ce que vous
lui dites. Évitez de transposer vos envies, vos rêves sur vos
enfants. Certains enfants perfectionnistes sont en fait porteurs
de la frustration parentale, des substituts à la réussite sociale
et intellectuelle que leurs parents n'ont pas eue. Les enfants
perfectionnistes peuvent aussi avoir à prolonger la réussite
parentale, qu'ils se retrouvent contraints d'imiter sans déro-
ger, sous peine de trahir une filiation de personnes brillantes
(voir chapitre 7 « Un environnement perfectionniste »).

➤ *Aidez-le à prendre des décisions*

Très jeune, l'enfant se retrouve confronté à des prises
de décision. Il doit apprendre à faire des choix.

Deux notions sont ici à apprendre à un enfant
perfectionniste :

- on ne peut pas tout avoir : c'est la notion de frustration ;
- on ne peut pas tout contrôler : c'est la notion
  d'imprévu, de hasard, voire d'injustice.

Montrez-lui que, malgré tous nos efforts, on ne réussit
pas toujours. Des facteurs extérieurs peuvent nous mettre en

échec et dans ce cas nous ne sommes pas toujours responsables de ces échecs.

Montrez-lui également qu'en l'absence de tout contrôle, il peut être capable de faire face à des situations imprévues et qu'il faut qu'il apprenne à compter sur son potentiel. Ceci est un très bon apprentissage de la confiance en soi[1].

➤ Aidez-le à être créatif, imaginatif

Les enfants perfectionnistes ont tendance à se référer à des modèles, à des façons de faire. Ils pensent qu'il n'y a qu'une seule façon de faire. « Mais non, maman, le prof m'a dit de faire comme ça et pas autrement ! » Ces modèles leur sont parfois enseignés au cours de leur scolarité. À vous de leur apprendre à s'en décaler, à enrichir les modèles qui leur sont proposés ou à en créer de nouveaux. Un esprit créatif et imaginatif permet d'éviter un perfectionnisme qui peut être parfois stérilisant.

➤ Adolescent, apprenez-lui à accepter les critiques sans se sentir rejeté ou dévalorisé

Beaucoup d'enfants perfectionnistes ne supportant pas la moindre critique vont très vite se sentir très mal à l'aise face à une remarque, même lorsque celle-ci n'est pas méchante. Cela est valable avec vous, ses parents, comme avec ses amis.

Expliquez-lui la différence entre la critique de ses comportements et la critique de sa personne. Les autres peuvent le critiquer dans ses comportements, cela ne signifie pas qu'ils le considèrent mauvais ou ne l'apprécient plus.

---

1. Fanget F., *Oser. Thérapie de la confiance en soi*, Paris, Odile Jacob, 2003.

Les techniques d'affirmation de soi qui permettent notamment de répondre aux moqueries des petits copains sont très utiles[1].

➤ *Aimez-le sans condition*

J'y reviens car c'est primordial pour l'estime de soi et c'est un des rôles essentiels des parents. Vous seuls, parents, pouvez donner à votre enfant un amour sans condition. Plus tard, les autres lui demanderont des résultats, ses employeurs l'apprécieront, en principe, à cette condition.

En pratique, évitez les cadeaux lors de bons résultats scolaires. Faites des cadeaux sans condition.

Bien entendu, cet amour sans condition n'empêche pas que l'on puisse aussi féliciter et renforcer les efforts d'un enfant.

➤ *Aidez-le à se forger sa propre personnalité*

Apprenez à connaître ses traits de caractère et respectez-les. Attention, les enfants d'une même famille ne se ressemblent pas tous et ne doivent pas nécessairement être éduqués de la même manière. Il est important de faire l'effort de déceler les spécificités de chacun de vos enfants. Une fois que vous les aurez détectées, il faudra les respecter. Ne cherchez pas à transformer un enfant introverti en enfant extraverti. Ne cherchez pas à transformer un scientifique en un doux poète. Au contraire, aidez-le à s'accepter lui-même avec ses traits de caractère et à les potentialiser. On peut, bien sûr, aider un enfant à sortir d'un caractère extrêmement introverti si cela lui pose trop de problèmes, mais il faut respecter sa personnalité.

---

1. George G., Vera L., *Soigner la timidité chez l'enfant et l'adolescent, op. cit.*

➤ *Apprenez-lui à se détendre sans culpabiliser*

Souvent, il est utile d'aider l'enfant à programmer ses activités et à commencer par le travail. Encouragez-le à le faire correctement. Mais, lorsque les devoirs sont terminés, fermez son cartable et aidez-le à passer à autre chose. À ce titre, il est important que les enfants ne travaillent pas pendant les vacances, en particulier pendant les congés au cours de l'année. Il est important aussi qu'ils aient des parties de week-end durant lesquelles ils ne travaillent pas. Il en est de même des fins de soirée qui doivent être consacrées à la détente. Ce sont ces conseils que nous donnons aux adultes stressés. Alors n'en demandons pas plus à nos enfants qu'à nous-mêmes !

En conclusion, le perfectionnisme chez l'enfant n'est pas très simple à dépister pour les parents. Comme nous l'avons vu, il peut apparaître tantôt anxieux avec une grande crainte de l'avenir, son perfectionnisme lui servant alors de tentative de contrôle sur un futur incertain. D'autres enfants perfectionnistes sont plutôt narcissiques avec des projets personnels grandioses, aspirent à être au-dessus des autres. Ceci doit attirer l'attention des parents et les amener à rechercher une estime de soi trop basse chez leur enfant. L'enfermement de l'enfant dans ce genre de système perfectionniste et même parfois élitiste est à éviter. Les quelques lignes ci-dessus sont faites pour vous y aider. Si j'ai insisté sur le dépistage du perfectionnisme chez l'enfant, c'est parce que socialement il peut être très bien admis et valorisé. Il peut passer tout à fait inaperçu. Il peut même être recherché par certaines familles qui ne se rendent bien sûr pas compte des effets néfastes d'un perfectionnisme excessif sur leur enfant.

CHAPITRE 12

Onze conseils
à ceux qui vivent ou travaillent
avec un perfectionniste

Vous êtes peut-être dans le cas de Cécile, qui vit depuis vingt ans avec un mari perfectionniste. « Je l'aime, mais il est tellement intransigeant avec moi et avec notre fils Grégoire. Il est constamment sur notre dos. La maison doit être parfaitement rangée, Grégoire doit toujours être le premier à l'école, il doit se tenir parfaitement à table, ne jamais répondre… » Cécile est la troisième femme de Julien et les précédentes se sont apparemment lassées de ce perfectionnisme très rigide. Pour Julien, il n'y a qu'une seule façon de se comporter dans la vie, ses règles à lui sont les seules bonnes règles. Cécile, au cours d'une consultation où elle est venue avec son mari, ajoute : « Je l'aime, mais la vie devient insupportable, expliquez-lui s'il vous plaît qu'il faut qu'il soit moins perfectionniste… »

Si vous vivez avec un ou une perfectionniste, voici quelques conseils qui pourront peut-être vous aider.

1 – Déculpabilisez-les et permettez-leur de prendre soin d'eux

Au mois de septembre, lorsque la période des inscriptions aux activités arrive, proposez, par exemple, à votre conjointe :

« Chérie, si tu veux, je peux garder les enfants le mercredi de 19 heures à 20 heures pendant que tu vas à ton cours de gymnastique aquatique. » Effectivement, les perfectionnistes ont beaucoup de peine à envisager des moments de détente sans se sentir extrêmement culpabilisés de ne pas s'occuper de leurs enfants, de leur conjoint, de leur maison… Ils accumulent ainsi du stress alors qu'ils n'ont pas jugé nécessaire de prévoir également des soupapes pour l'évacuer. Aidez-les à organiser cette soupape.

2 – Aidez-les à se détendre

Si, par exemple, votre femme veut profiter du week-end pour mettre de l'ordre dans l'appartement, le linge qui attend, etc., n'hésitez pas néanmoins à lui proposer une activité de loisir : « J'aimerais beaucoup faire une promenade avec toi, ou allons éventuellement au cinéma. » Et si elle vous répond : « Oui, mais avec tout ce que j'ai à faire, je n'aurai pas le temps, il faut d'abord que je finisse mes tâches ménagères avant de prendre du bon temps comme toi. » Sachez lui répondre : « Oui, je sais, il y a beaucoup de travail dans la maison et nous verrons d'abord ensemble ce qu'il y a d'urgent à faire, mais je pense qu'il est aussi important que nous passions de bons moments ensemble et que tu puisses te détendre pour m'accompagner. » Et si c'est votre mari qui est perfectionniste et veut passer son week-end à travailler ou à bricoler, faites de même.

3 – Moins d'action,
plus de contemplation...

Aidez-les à profiter du plaisir contemplatif et pas uniquement du plaisir d'action. En effet, les personnalités perfectionnistes ont tendance à trouver le plaisir dans l'action et dans la performance. Il est important de leur montrer qu'il existe d'autres formes de plaisir, le plaisir de contemplation, le plaisir sensoriel. Les techniques corporelles douces sont très utiles en ce sens : yoga, stretching, tchi gong, relaxation, bains bouillonnants... Dans les salles de gymnastique, les perfectionnistes sont ceux qui vont activement pédaler à toute vitesse ou suer sur les tapis de course à 160 de rythme cardiaque. Montrez-leur qu'il existe aussi dans ce genre de clubs, des espaces réservés aux hammam, piscine, massages...

4 – Félicitez-les

Si votre collaborateur est très perfectionniste, sachez reconnaître le travail bien fait, en particulier lorsque le travail n'est pas parfait et s'il s'en excuse à l'avance : « C'est bien et cela suffit largement. » Vous l'aiderez ainsi à mettre des limites à son perfectionnisme professionnel et à se rendre compte que le mieux est l'ennemi du bien. Et que souvent le bien suffit largement.

Si votre enfant revient deuxième de l'école, surtout ne lui demandez pas pourquoi il n'est pas premier. Dites-lui plutôt : « Deuxième ! C'est super, je te félicite. » Et ne mettez aucune condition à vos félicitations comme : « Pourquoi n'es-tu pas premier, ou la prochaine fois tu seras peut-être premier, ou ce n'est pas premier, mais c'est bien... » Si vous avez cette attitude, vous allez laisser entendre à votre fils que vous avez des attentes extrêmement élevées pour lui, le mettre dans une situation de stress et ne pas lui apprendre à se féliciter lui-même.

5 – Incitez-les à l'esprit de synthèse

Les perfectionnistes ont souvent une sensibilité très forte qui en font d'ailleurs de fins analyseurs de la vie, précis, voire pointilleux. Ils sont capables de vous trouver tous les arguments, toutes les données existantes sur un thème donné. En revanche, ils ont plus de peine à avoir une vue globale et synthétique des choses. N'hésitez pas à leur demander de vous résumer un livre, un article ou une conférence, c'est un excellent exercice. Ces résumés doivent être brefs pour les aider à acquérir l'esprit de synthèse. Quitte à négliger un peu le sens du détail.

6 – Aidez-les à trier l'urgent et ce qui peut attendre

Il peut être utile par exemple de faire des plannings d'activité en classant les activités par ordre d'urgence. Aidez-les à classer les tâches prioritaires avant celles qui sont secondaires. Toutes ces techniques ont été proposées dans le chapitre 10 pour les personnes qui veulent faire un travail par elles-mêmes sur le perfectionnisme. Elles peuvent tout à fait être appliquées ici par votre proche perfectionniste. Comme nous l'avons vu, il est important d'aider le perfectionniste à hiérarchiser ses activités, en l'aidant à trier l'essentiel de l'accessoire. Puis on l'aidera à diminuer son degré de perfectionnisme dans des activités en commençant par les activités accessoires afin d'éviter qu'il ait trop peur de changer.

7 – Montrez-leur que vous avez confiance en leurs capacités plutôt qu'en leurs résultats

Dites : « J'ai confiance dans vos compétences. » En effet, les perfectionnistes doutent parfois d'eux. Ils peuvent redouter de faire des erreurs au point de se retrouver dans des situations de blocage, ne parvenant pas à se décider et à passer à l'action. Les mettre en confiance va les aider à sortir de ces blocages. S'ils y arrivent, il faudra alors que vous les félicitiez abondamment et chaleureusement d'avoir osé prendre le risque et réussi à traiter le problème.

8 – Faites-les réfléchir par eux-mêmes à des solutions

Si, en voulant les rassurer, vous faites les choses à leur place, vous risquez de les laisser dans l'idée qu'ils ne les auraient pas bien faites, qu'ils ont besoin de vous pour trouver des solutions, qu'ils ne sont pas à la hauteur.

Lorsque le perfectionniste qui vous entoure que ce soit votre conjoint ou un de vos collaborateurs, vient vous demander : « Comment résoudre ce problème ? » Répondez-lui : « Et toi, à quelle solution as-tu pensé ? » Vous vous rendrez alors compte qu'il a le plus souvent trouvé d'excellentes solutions par lui-même. Et que c'est seulement son anxiété, sa peur de ne pas faire les choses assez bien qui lui donnent l'impression qu'il a besoin de votre avis. Sachez le renforcer dans sa propre recherche de solutions plutôt que de lui dire ce qu'il doit faire.

Si vous avez un collaborateur perfectionniste à qui vous souhaitez donner des responsabilités, tenez-vous au courant très régulièrement de son travail. Faites des points avec lui sur l'avancement des travaux et adoptez l'attitude précédente, à savoir le renvoyer systématiquement à ses solutions et, lorsque celles-ci sont satisfaisantes, en le félicitant.

9 – Comment bien faire une critique à un perfectionniste ?

Critiquez l'acte et non la personne : « Ce que vous m'avez rendu n'est pas parfait. » Faites-le avec gentillesse, franchise : « J'apprécierais beaucoup que vous puissiez refaire le travail avec telle et telle amélioration. » Soyez précis dans vos demandes, dans vos critiques. Évitez de ne faire que des critiques, faites aussi des compliments en replaçant la critique dans son contexte : « Je me permets de te faire cette remarque tout en te précisant que je suis extrêmement satisfait par la qualité de ton travail en général[1]. »

---

1. Pour faire des critiques constructives à un perfectionniste, il est important qu'elles soient aidantes et non blessantes. Celles-ci lui permettront de progresser et vous permettront à vous de vous affirmer en le respectant. Pour les méthodes de critiques constructives, vous pouvez vous référer à mon livre : *Affirmez-vous !*, Paris, Odile Jacob, 2002.

10 – Soyez un exemple d'imperfection !

Il est important que vous montriez vos erreurs, vos limites, vos points faibles aux perfectionnistes qui vous entourent. Qu'ils se rendent compte que vous supportez tout à fait bien d'être pris en défaut. Que vous n'en faites pas une maladie et que votre estime de soi reste entière.

Nous avons développé cet exemple dans le chapitre sur l'enfant, et c'est aussi valable pour d'autres perfectionnistes adultes qui vous entourent.

11 – Ne leur dites pas qu'ils sont parfaits !

Évitez de vouloir les rassurer en leur disant qu'ils sont parfaits. Plus vous cherchez à convaincre un perfectionniste qu'il est parfait, que tout va bien, plus vous renforcez son doute. En effet, comme il doute profondément de sa perfection, il cherchera à vous montrer que vous avez tort. Si, par exemple, la discussion avec votre conjoint s'engage sur le thème : « Tu es parfait. » « Mais non je ne suis pas parfait. » « Mais si tu es parfait », etc. Sachez clore : « Écoute, toi tu doutes de toi, mais moi, non, je te trouve très bien comme tu es. D'ailleurs, je suis avec toi depuis quinze ans et n'ai aucunement l'intention de te quitter. Je souhaite que tu restes comme tu es actuellement avec tout ce que tu crois être des imperfections et des doutes, je t'aime comme cela. » Si c'est au travail, sachez dire : « Écoutez, je sais que vous doutez de votre travail, cela fait trois quarts d'heure maintenant que nous discutons de ce dossier et je vous répète que pour moi il est largement assez bien fait, il est inutile d'y passer encore du temps. D'ailleurs, je vous rappelle que je vous ai depuis dix ans dans mon service, que chaque année vos évaluations sont excellentes et que je n'ai jamais envisagé de me séparer de vous. »

Comme vous le voyez, si vous avez un perfectionniste dans votre entourage, la bataille n'est pas perdue, il y a des choses à faire pour que la vie se passe mieux.

Conclusion

D'un puissant et incontestable moteur de réussite, le perfectionnisme, on l'a vu, peut devenir un véritable handicap. C'est sur ce dernier aspect négatif du perfectionnisme que j'ai le plus insisté parce que, bien sûr, en consultation, je rencontre surtout des personnes qui en souffrent. Des personnes qui ont un peu oublié leur droit au plaisir, leur droit au bonheur, au profit de leur seul perfectionnisme. On ne peut changer du tout au tout... mais comment être un bon perfectionniste ? Je crois que c'est finalement une question de dosage. Un équilibre que chacun doit réussir à trouver. Je souhaite avec ce livre vous avoir aidé dans cette démarche toute personnelle certes, mais pour laquelle on a besoin d'être guidé.

C'est pourquoi je vous ai proposé d'abord des éléments de réflexion, sur votre personnalité, sur vos schémas de vie, vos objectifs, vos frustrations ou insatisfactions. Comprendre que le perfectionnisme vous éloigne peut-être de vous-même, vous cantonne finalement plus à paraître qu'à être est essentiel. Il ne vous mène pas nécessairement là où vous le souhaiteriez vraiment. Paradoxalement si le perfectionnisme aide parfois à réussir sa vie, il ne rend pas nécessairement heureux.

C'est pourquoi aussi ce livre est un livre « à vivre ». Je vous propose d'essayer de le garder à portée de main, afin d'y piocher régulièrement tel ou tel exercice à approfondir. Tous les exercices volontairement concrets sont adaptés de techniques de psychothérapie reconnues et validées. Prenez le temps d'expérimenter, de voir si un exercice vous aide à changer… Soyez patient et persévérant, le changement en psychologie est une course de fond, mais vous verrez que toute prise en charge de soi-même apporte un sentiment de confiance et se révèle une source d'épanouissement personnel.

Et, un jour, j'espère, vous serez surpris de constater que votre perfectionnisme délaisse petit à petit ses effets toxiques et que vous vous recentrez sur ses seuls effets positifs. Vous sentirez que enfin peut-être vous profitez de votre vie comme vous l'entendez.

À lire
Pour en savoir plus

Peu de livres existent sur le perfectionnisme, mais voici un certain nombre d'ouvrages en rapport avec ce thème et qu'il me paraît intéressant de vous signaler. Bien sûr, cette liste n'est pas exhaustive.

Perfectionnisme et estime de soi

ANDRÉ C. et LELORD F., *L'Estime de soi*, Paris, Odile Jacob, 1999.
> Un essai de grande qualité faisant le tour de ce qu'on sait actuellement sur l'estime de soi. Écrit par deux professionnels.

FANGET F., *Oser. Thérapie de la confiance en soi*, Paris, Odile Jacob, 2003.
> Un essai pratique sur le thème de la confiance en soi. Une première partie amène le lecteur à comprendre le mécanisme de la confiance en soi et une deuxième partie décrit un programme permettant au lecteur d'augmenter sa confiance en lui. Une partie de ce livre est consacrée au lien entre l'estime de soi et le perfectionnisme.

FANGET F., *Affirmez-vous !*, Paris, Odile Jacob, 2002.
> Un guide pratique dans la collection « Guide pour s'aider soi-même », qui a notamment pour objectif de vous aider à avoir de meilleures relations avec les autres.

Perfectionnisme et personnalité

COTTRAUX J., *La Répétition des scénarios de vie, demain est une autre histoire*, Paris, Odile Jacob, 2001.
> Un ouvrage de base sur la personnalité et en particulier le concept de répétition. Pour ceux d'entre vous qui s'intéressent au cinéma, il s'agit en plus d'un ouvrage très ludique. Les liens entre le fonctionnement d'un scénario de cinéma et la personnalité sont tout à fait intelligents et utiles.

YOUNG J. et KLOSKO J. S., *Je réinvente ma vie*, Paris, Éditions de l'Homme, 1995.
> Un excellent ouvrage d'initiation à la personnalité, destiné au grand public.

214 • TOUJOURS MIEUX !

Beaucoup de mes patients à qui j'ai conseillé ce livre sont revenus enchantés de leur lecture tant ils ont mieux compris comment ils fonctionnaient.

Il en est de même de l'ouvrage suivant :

HAHUSSEAU S., *Comment ne pas se gâcher la vie*, Paris, Odile Jacob, 2003.
Dans le même esprit que le précédent, un livre clair et didactique sur la personnalité. Il est présenté sous forme de guide très accessible. Il développe en particulier les thérapies centrées sur les schémas.

YOUNG J., *La Thérapie centrée sur les schémas*, De Boeck, 2005.
Un livre essentiellement destiné aux professionnels. Une véritable bible sur la personnalité. J. Young est un élève d'Aron Timothy Beck, l'inventeur des thérapies cognitives. Il réunit les apports des thérapies cognitives, des thérapies comportementales, émotionnelles et des neurosciences. Un ouvrage de base à conseiller à tout professionnel de la psychologie qui présente une approche moderne et originale de la personnalité.

ANDRÉ C., *Vivre heureux, psychologie du bonheur*, Paris, Odile Jacob, 2003.
Un ouvrage extrêmement complet, très brillant sur le bonheur. Il s'agit ici d'un ouvrage optimiste qui vous montre que le bonheur s'apprend et que, même si vous ne l'avez pas encore rencontré, vous pouvez faire quelque chose pour faire sa connaissance.

Perfectionnisme et troubles psychologiques

ANDRÉ C. et LÉGERON P., *La Peur des autres*, Paris, Odile Jacob, 2000.
Un livre de référence sur l'anxiété sociale que nous avons évoquée dans ce livre. Il est tout à fait accessible pour le grand public.

SAUTERAUD A., *Je ne peux pas m'arrêter de laver, vérifier, compter*, Paris, Odile Jacob, 1999.
Un livre destiné au grand public et en particulier à ceux d'entre vous qui souffrent d'un TOC. Clair, précis, informatif, il est très aidant lorsque l'on veut lutter contre ce trouble.

SIMON Y. et NEF F., *Comment sortir de l'anorexie ?*, Paris, Odile Jacob, 2002.

NEF F. et SIMON Y., *Comment sortir de la boulimie ?*, Paris, Odile Jacob, 2004.

PERROUD A., *Faire face à l'anorexie ?*, Retz, 2003.

PERROUD A., *Faire face à la boulimie*, Retz, 2005.
Ces quatre livres sont excellents et peuvent beaucoup vous aider si vous souffrez de troubles du comportement alimentaire liés à votre perfectionnisme.

GRAZIANI P. et ERALDI-GACKIERE D., *Comment arrêter l'alcool ?*, Paris, Odile Jacob, 2003.
Pour ceux d'entre vous qui souffrent de problèmes de dépendance à l'alcool.

CUNGI C., *Faire face aux dépendances, alcool, tabac, drogue, jeux*, Retz, 2000.
Pour ceux d'entre vous qui souffrent de problèmes de dépendance.

POUDAT F.-X., *La Dépendance amoureuse*, Paris, Odile Jacob, 2005.
Intéressant pour ceux qui se sentent dans une relation fusionnelle dans leur couple. Ce spécialiste des thérapies de couple décrit parfaitement bien les liens et les pièges dans lesquels peut vous plonger la dépendance affective.

Le perfectionnisme chez l'enfant

GEORGE G., *Ces enfants malades du stress*, Paris, Anne Carrière, 2005.
Gisèle George est une pédopsychiatre qui connaît bien le stress chez l'enfant et est souvent confrontée à des enfants perfectionnistes.
Comme nous l'avons vu dans le livre, le stress est un thème très connexe au perfectionnisme et, si votre enfant en souffre, vous aurez probablement intérêt à lire ce livre.

PLEUX D., *Peut mieux faire*, Paris, Odile Jacob, 2001.
Il s'agit d'un psychologue cognitiviste qui travaille beaucoup sur l'enfant, l'adolescent et l'éducation en général et a publié plusieurs ouvrages sur ce sujet notamment. Ce livre nous permet de prendre des distances par rapport à un système éducatif qui risque de renforcer le perfectionnisme.

GEORGE G. et VERA L., *Soigner la timidité chez l'enfant et l'adolescent*, Paris, Dunod, 2003.
Un livre sur la timidité et sur les phénomènes d'anxiété sociale écrit par deux pédopsychiatres spécialisés dans ces problèmes. Pour ceux d'entre vous dont les enfants perfectionnistes sont également timides ou très réservés, il s'agit d'un livre important.

Autres ouvrages sur le perfectionnisme

RAMIREZ BASCO M., *Y a-t-il des perfectionnistes heureux ?*, Le Jour Éditeur, 2000.
Un des très rares livres en français sur la psychologie de perfectionnisme. Il s'agit d'une traduction. L'auteur est une psychologue américaine. Elle présente essentiellement les hypothèses cognitivistes.

FLETT G. L. et HEWITT P. L., *Perfectionism, Theory, Research, and Treatment*, published by American Psychological Association, 750 First Street, NE, Washington, DC 20002, www.apa.org
Le livre le plus complet (mais en anglais) sur le perfectionnisme. Il s'agit d'un livre destiné aux professionnels ou aux personnes intéressées par la recherche dans le domaine.

Remerciements

Je tiens à remercier :

Odile Jacob d'avoir accepté de publier ce livre.

Gaëlle Fontaine pour son travail éditorial.

Véronique Thiébaut pour m'avoir aidé dans la mise en forme informatique et pratique de ce livre.

Gisèle George, pédopsychiatre, pour ses judicieux conseils.

Mes parents, ma femme et mes enfants qui ont su encourager les bons côtés de mon perfectionnisme et parfois m'arrêter lorsque je me montrais trop exigeant !

Chantal Brière, mon amie, professeur de français, dont les suggestions sur certains grands écrivains perfectionnistes m'ont été fort utiles.

L'ensemble de ma famille et mes amis qui m'entourent chaleureusement.

Mes patients qui, je l'espère, bénéficient des seuls bons côtés de mon perfectionnisme.

Que ce livre leur soit dédié, je respecte leur patience et leur persévérance dans leur volonté d'affronter leurs difficultés.

Qu'ils en soient ici encouragés.

Table

Chapitre 3
QUEL PERFECTIONNISTE ÊTES-VOUS ?

Deuxième partie
MIEUX COMPRENDRE
VOTRE PERFECTIONNISME

Chapitre 4
DES FILTRES DE PENSÉES

Chapitre 5
DES RÈGLES DE VIE

TABLE • 219

Chapitre 6
UN PRÉJUGÉ D'INFÉRIORITÉ

Chapitre 7
UN ENVIRONNEMENT PERFECTIONNISTE ?

Troisième partie
TROP C'EST TROP

Chapitre 8
QUAND VOTRE PERFECTIONNISME RETENTIT
SUR LES AUTRES

Chapitre 9
QUAND LE PERFECTIONNISME DEVIENT
UNE MALADIE

Quatrième partie
COMMENT ÊTRE UN BON PERFECTIONNISTE

Chapitre 10
LES CLÉS DU BON PERFECTIONNISTE

Chapitre 11 VOTRE ENFANT EST-IL TROP PERFECTIONNISTE ?
COMMENT L'AIDER ?

TABLE • 221

Chapitre 12
Onze conseils à ceux qui vivent ou travaillent avec un perfectionniste

Ouvrage proposé par Christophe André

Cet ouvrage a été transcodé
et mis en pages chez NORD COMPO (Villeneuve d'Ascq)

Impression réalisée sur Presse Offset par

C P I
Brodard & Taupin

La Flèche (Sarthe), le 25-02-2008
N° d'impression : 45853
N° d'édition : 7381-2067-X
Dépôt légal : mars 2008

Imprimé en France